DAS
FENG SHUI
HANDBUCH

DAS
FENG SHUI

HANDBUCH

Wie Sie Ihre
Wohn- und Arbeitssituation
verbessern

LAM KAM CHUEN

*Aus dem Englischen
von
Daniela Schenker*

JOY
VERLAG

Copyright © 1995 Gaia Books Limited, London
Text Copyright © 1995 Master Lam Kam Chuen
Titel der Originalausgabe: The Feng Shui Handbook

Deutsche Erstausgabe
Copyright © 1996 by Joy Verlag GmbH, D-87477 Sulzberg

ILLUSTRATIONEN   Sally Launder, Michael Posen,
                   Ann Savage

UMSCHLAGGESTALTUNG Kuhn Grafik und Buchdesign, Zürich
                   (Originale der Illustrationen von Sally
                   Launder, Michael Posen, Ann Savage)

ÜBERSETZUNG   Daniela Schenker, Wessling

LEKTORAT   Karin Brunke, Solingen

SATZ   Mathias Weitbrecht, Sulzberg

DRUCK   Bookbuilders Ltd., Hongkong

ISBN 3-928554-18-2

10 9 8 7 6 5 4 3 2

Inhalt

Einführung

Sie betreten einen Raum, und Ihr Gastgeber sagt Ihnen, Sie sollen es sich gemütlich machen. Was tun Sie und wo sitzen Sie?

Sie suchen ein neues Haus, und nachdem Sie sich bereits Dutzende angesehen haben, betreten Sie eins, das sich sofort richtig anfühlt.

Sie wohnen seit Jahren am selben Ort und entscheiden eines Tages, daß Sie komplett renovieren wollen.

Ihnen wird mitgeteilt, daß Ihr Büro umzieht. Sie sehen die neuen Räume und suchen sich als nächstes eine andere Stelle.

Diese natürliche Sensibilität ist Teil des unschätzbaren menschlichen Erbes. Sie ist ein Instinkt, der entwickelt und trainiert werden kann. Das zu lernen ist Thema dieses Buches.

Es ist ein Buch über Orte und Menschen und die Art, wie die Energien der beiden aufeinander einwirken. Es beruht auf der längsten, ungebrochenen Tradition der Menschheit, die die innersten Naturgeheimnisse erforscht. Daher dient es dazu, Menschen in der heutigen Welt zu helfen. Sie brauchen weder Architekt noch Innenarchitekt noch Chinese zu sein oder chinesisch zu sprechen. Sie müssen nur bei Ihrer eigenen Wohnsituation, Ihren eigenen Gefühlen und Ihrem eigenen Zimmer beginnen.

Lebendige Räume

Räume leben und sind Energiefelder. Sie haben tiefgreifende Gefühle bezüglich Räumen und Gebäuden. Ihr angeborener Sinn sagt Ihnen, daß es hier um mehr geht als nur um eine Inneneinrichtung. Sehen Sie sich den Raum auf der nächsten Seite an. Wenn Sie ihn betreten, wissen Sie automatisch, wo Sie sitzen wollen, oder zögern Sie? Wirkt der Raum auf Sie einladend oder unruhig? Jeder wird anders reagieren, die Reaktionen selbst aber werden von starken Kräften in unserer Persönlichkeit bestimmt.

Unsere Gefühle bezüglich des Zimmers hängen zum Teil von unseren Annahmen ab, was geschehen wird, wenn wir uns darin aufhalten. Ist es ein Raum, in dem wir arbeiten, essen, Menschen treffen oder schlafen wollen? Ist es einer, in dem wir viele Stunden unseres Lebens verbringen oder uns nur vorübergehend aufhalten? Wir reagieren unterschiedlich auf diese verschiedenen Nutzungsmöglichkeiten des Zimmers. Die Rolle, die dessen Energie in unserem Leben spielen wird, beeinflußt zutiefst unsere Gefühle bezüglich der Farben, der hellen Lampen, der Metallmöbel und der beiden geöffneten Türen.

Diese Gefühle sind mehr als vorübergehende Gefühlszustände. Sie sind oft Gesundheitswarnungen. Sie sagen uns, daß sich jemand, wenn wir ohne richtige Rückendeckung sitzen, ohne Warnung von hinten nähern kann. Sie sagen uns, daß wir Schlafstörungen haben können, wenn sich über unserem Bett ein Fenster befindet. In jedem Augenblick unseres Lebens nehmen wir solche Mitteilungen auf. Sie sagen uns, daß wir mit unserer Umgebung zutiefst verbunden sind und daß die uns umgebenden Energien unser Leben und unsere Zukunft formen.

Ein Anwenderbuch

Dieses Buch soll benutzt werden. Es ist keine theoretische Abhandlung, sondern ein Handbuch für Anfänger. Es wurde sorgfältig gestaltet, um Sie zuerst in bestimmte grundlegende Konzepte und Prinzipien einzuführen, die Sie in Teil I finden. Diese Grundlage ist wichtig, da man ohne sie die praktischen Ratschläge in Teil II nur schwer verstehen kann. Es ist daher sehr empfehlenswert, wenn Sie dieses Buch von Anfang an lesen und nicht zufällig eine Seite aufschlagen. Wenn Sie zu Teil II kommen, finden Sie zahlreiche Querverweise, die zeigen, wie sich der praktische Ratschlag aus der Theorie ergibt. Denken Sie immer daran, daß die in diesem Buch enthaltenen Informationen als Einführung für Anfänger geeignet ist: Das ernsthafte Studium von Feng Shui dauert buchstäblich Jahrzehnte.

An verschiedenen Stellen im Buch werden Sie Texte zu Fotos finden, die berühmte Gebäude der Welt interpretieren. Dazu gehören der Buckingham Palace, das Capitol in den Vereinigten Staaten, die Vereinten Nationen und das Taj Mahal. Jedes Gebäude wird nach Feng Shui-Prinzipien beurteilt, Schlüsselaspekte der Stärken und Schwächen werden sichtbar, und die Wirkung auf Menschen, die damit in Verbindung stehen, wird aufgezeigt.

Der Übergang in eine andere Kultur

Die Reise von einer Kultur in die andere ist schwierig. Sie ist aber auch zutiefst erleuchtend, denn sie lehrt uns so viel über uns und unsere Vorurteile wie über andere.

Für viele kann die erste Begegnung mit Feng Shui (sprich »Fung Shoy«) mit der Entdeckung einer neuen Sprache verglichen werden. Möglicherweise werden dieselben Widerstände hervorgerufen wie zu der Zeit, als wir erstmals mit einem neuen Alphabet, neuer Phonetik und neuen Gedankenstrukturen konfrontiert waren. Wenn wir hier eindringen, riskieren wir den Schock, neue Konzepte vorzufinden, die in der neuen Sprache ausgedrückt werden, aber in unserer eigenen Sprache noch nicht entwickelt sind. Dafür scheint es keine Übersetzungsmöglichkeit zu geben.

In mancher Hinsicht ist Feng Shui so einzigartig für China wie seine Sprache. Es ist eine Kunst auf dem Höhepunkt der gesellschaftlichen, kulturellen und wissenschaftlichen Errungenschaften der chinesischen Zivilisation. Und doch hat es gleichzeitig mit der allgemeinen Erfahrung der gesamten Menschheit zu tun, wenn wir lernen, wie man am besten auf dieser Erde lebt – unserem allgemeinen Zuhause im Weltraum. Es ist ein analytisches System, das nicht von einer Person entwickelt wurde, sondern von einer jahrhundertealten Tradition, in der genaueste Beobachtungen und Experimente gesammelt wurden. Seine Wurzeln liegen im Boden Chinas, sein Name jedoch – einfach »Wind und Wasser« – spricht von der uralten Suche nach unserem Zuhause in der Natur.

Für einige ist Feng Shui reiner Aberglaube, so als ob man Angst vor einer schwarzen Katze hat, die einem über den Weg läuft. Die Antwort des Feng Shui-Meisters hierauf ist einfach. Wind und Wasser sind präsent – ob Sie daran glauben oder nicht – so wie es Sauerstoff- und Wasserstoffatome gibt. Wir kennen die Geheimnisse von Weizen, Feuer und Elektrizität nicht, und doch backen und essen wir Brot. Lassen Sie nicht zu, daß Sie von Feng Shui nicht profitieren können, nur weil Sie es nicht kennen!

Dieses Buch ist ein Versuch, der westlichen Welt diese Vorteile zu vermitteln. Es eröffnet die tiefe Weisheit der chinesischen Klassiker und zieht die wesentlichen Ratschläge aus diesem komplexen Thema heraus, die in der heutigen Welt angewendet werden können. Gleichzeitig versucht es, einige Fallstricke bei der Annäherung zu vermeiden. Das Herzstück des Feng Shui bildet eine tiefe Sensibilität für die Einzigartigkeit aller Dinge und Augenblicke und eine Bewußtheit, daß sie sich ständig verändern. Daher kann es keine fixen, abschließenden Antworten und keine automatischen, dauerhaften Lösungen geben. Jede Person, jede Familie, jedes Zuhause, jedes Büro, jeder Tag und jeder Ort ist anders – es gibt einige allgemeine Prinzipien, aber keine Regeln.

Da diese grundlegende Weltsicht nicht mehr geschätzt wurde, führte das zu Mißverständnissen bezüglich des Feng Shui und zu der Annahme, daß Fertiglösungen bereitstehen. Noch schlimmer sind die falsch interpretierten Praktiken, die es gibt. So heißt es beispielsweise, daß man Goldfische in ein Glas setzt, um negative Energie anzuziehen. Wenn die Fische sterben, sei einem Unglück erspart geblieben.

Oft entsteht der erste Kontakt mit Feng Shui, wenn Menschen mit der einzigartigen multikulturellen Gesellschaft in Hongkong in Berührung kommen. Wenn Sie geschäftlich dahin reisen, kann es sein, daß dort lebende Landsleute Ihnen sagen, daß diejenigen verrückt sind, die an Feng Shui glauben, daß Sie aber gleichzeitig dumm sind, wenn Sie keine Feng Shui-Beratung in Anspruch nehmen! Dieses Buch kann Ihnen helfen, sich ein eigenes Bild zu machen.

Es sieht anders aus

Vieles werden Sie anders beurteilen, wenn Sie dieses Buch gelesen haben. Teile des Buches können verwirrend wirken. Manche stellen vielleicht Ihre Sichtweise der Welt um Sie herum in Frage, und manche machen Ihnen möglicherweise sogar Sorgen. Wenn Sie beispielsweise gerade einen Fischteich oder ein Schwimmbad hinten im Garten eingerichtet haben, wird Ihnen der Ratschlag bezüglich Wasser im ganzen Buch nicht gefallen. Wenn Sie in einem kleinen offenen Appartementraum leben, könnten Sie sich ärgern, daß Sie wenig oder keinen Platz haben, um Veränderungen vorzunehmen. Manche mögen sich auch aufregen, weil die Weisheit dieses Buches im direkten Gegensatz zu einigen weitverbreiteten Bau- und

Designpraktiken im Wohnhaus und am Arbeitsplatz steht.

Vielleicht sind Sie überrascht, welche starken Gefühle Sie haben, wenn Sie sich durch das Buch arbeiten und anfangen, Ihr Haus, Ihre Nachbarschaft und Ihren Arbeitsplatz mit neuen Augen zu sehen. Die Reaktionen können von Unglauben und Abweisung bis hin zu Ärger und Schuld reichen. Wenn sie sich entscheiden, den Rat auf diesen Seiten nicht anzunehmen, haben sie ein vollkommenes Recht darauf. Sie können sogar Glück haben, wenn Sie keine Unterschiede zwischen den hier vorliegenden Informationen und der Art feststellen, wie Sie tatsächlich leben.

Wenn Sie aber Ihre Lebensqualität verbessern wollen, können Sie von diesem Buch verunsichert werden. Vielleicht beginnen Sie, sich alles um Sie herum anzusehen und zu entscheiden, daß das falsch ist. Möglicherweise wissen Sie nicht, wie sie die erforderlichen Veränderungen vornehmen können, oder Sie können es sich einfach nicht leisten, etwas zu verändern. Deshalb haben Sie Schuldgefühle. Sie können sogar ins Extrem gehen und sagen, daß Sie schlechte Eltern waren, weil Sie zugelassen haben, daß Ihre Kinder jahrelang unter einem Dachbalken geschlafen haben!

Solche Reaktionen sind sehr real und ganz menschlich. Sie beruhen jedoch auf einem Mißverständnis. Der Rat in diesem Buch ist nicht dogmatisch. Es gibt in diesem System keine absoluten Regeln, und es gibt kein Konzept von Perfektion. So wie Menschen unter Umständen, die man in der Theorie als ungesund betrachtet, ein langes Leben führen können, so leben wir in den verschiedensten Umgebungen weiter. Der beste Ansatz ist der folgende: Wenn Sie etwas sehen und verändern können, dann tun Sie das; wenn Sie aus irgendeinem Grund nichts verändern können, streichen Sie es aus Ihrem Gedächtnis. Wenn Sie zu einem passenderen Zeitpunkt auf die Idee zurückkommen wollen, ist das gut, aber lassen Sie dieses Buch nicht zu einer ständigen Quelle der Angst werden.

Der experimentelle Ansatz
Nehmen wir an, Sie wollen die Prinzipien in diesem Buch ernsthaft anwenden. Sie möchten einen Feng Shui-Fachmann konsultieren, finden aber keinen. Wie können Sie dieses Buch verwenden? Das beste ist, Sie experimentieren tatsächlich. Dazu benötigt man die wissenschaftliche Tugend der genauen Beobachtung, Geduld und Offenheit. Sie wollen beispielsweise Ihr Schlafzimmer umstellen. Dann nehmen Sie eine Veränderung gemäß der Ratschläge in diesem Buch vor, stellen die Nachttischlampe um oder drehen das Bett oder den Tisch im Zimmer. Seien Sie aufmerksam, was Ihnen in den nächsten drei Wochen geschieht. Am Ende der drei Wochen fragen Sie sich, ob Ihnen ein außergewöhnliches Unglück zugestoßen ist. Machen Sie sich keine Sorgen, wo oder wie oder warum Ihnen etwas passiert ist – rufen Sie sich einfach Unfälle oder ungewöhnlich schwierige Momente ins Gedächtnis. Wenn Ihnen ein außergewöhnliches Unglück irgendwelcher Art zugestoßen ist, gehen Sie zur ursprünglichen Anordnung im Raum zurück und versuchen, eine andere Veränderung vorzunehmen. Verfolgen Sie dann den gleichen Selbstdiagnose-Prozeß über drei Wochen hinweg.

Dieser langsame, methodische Ansatz hat gewisse Vorteile. Er wird Ihre Beobachtungsgabe schärfen, und Sie werden beginnen, Ihre Einrichtung mit Ihren wirklichen Umständen in Übereinstimmung zu bringen. Sie werden in einen Prozeß verwickelt werden, der weitaus authentischer ist als das bloße Herumrennen mit dem Buch in der einen und einem Kompaß in der anderen Hand. Das persönliche Experimentieren ist jedoch kein Ersatz für den professionellen Rat eines Feng Shui-Praktikers, insbesondere weil ein Fachmann Sie auf der Grundlage von Berechnungen beraten kann, die die Zeit und den chinesischen Kalender beinhalten. Es ist in etwa, wie wenn man ein allgemein erhältliches Medikament für eine Halsentzündung kauft – wenn es funktioniert, prima; wenn der Zustand aber weiter anhält, dann müssen Sie zum Arzt gehen!

Ein letzter Rat. Allein dadurch, daß wir leben, haben wir bestimmte Gewohnheiten entwickelt, mit denen wir uns sehr wohl fühlen. Sie sind die Art und Weise, wie wir mit der Erfahrung des Lebens umgehen. Wenn Sie in diesem Buch eine Empfehlung finden, die im vollständigen Gegensatz zu Ihrer Lebensart steht und Sie mit der Art, wie Sie leben, zufrieden sind – so folgen Sie Ihrem Instinkt. Wenn Sie so, wie es ist, gut leben können, könnte es ein Fehler sein, etwas zu verändern. Hören Sie auf Ihre Erfahrung.

Großartiges Design

Von oben enthüllt sich die extravagante Form des Buckingham Palace (oben) mit seinen äußeren Schutzlinien. Hinten bieten die staatlichen Gärten eine ruhige Fläche, die nicht von Wegen unterbrochen und von entfernt gelegenen Bäumen umgeben ist. Die lange Zufahrtslinie der Mall könnte eine Energielinie sein, die wie eine angreifende Kraft direkt zum Vorhof verläuft. Das Denkmal von Königin Viktoria ist hervorragend plaziert, um ankommende Kräfte abzulenken.

Ein sicherer Hafen

Die Verbotene Stadt (oben), der Sitz des chinesischen Kaisers in Peking wurde unter Aufsicht der kaiserlichen Feng Shui-Meister entworfen. Hier befindet sich innerhalb der äußeren Wände der künstliche Fluß, das »Wasser« des Feng Shui, das in trägen Kurven an diesem äußeren Vorhof entlangfließt und den Zugang zu den zentralen Palästen schützt. Die fünf Brücken haben numerologische Bedeutung, sie spiegeln die Zahl in der Mitte des chinesischen Zahlengitters (siehe S. 26 – 27) und die zentrale Macht des Herrschers wider. Nur die Gefolgschaft des Kaisers ging über die mittlere Brücke und Straße der Stadt; die Brücken seitlich waren für die anderen Beamten des Hofes und deren Gefolgschaft.

Ein einsamer Turm

Der Wolkenkratzer der Vereinten Nationen (links) erhebt sich einsam über den Ufern des East River von New York. Es ist ein perfektes Beispiel für eins der grundlegenden Feng Shui-Prinzipien: Häuser sind wie Menschen und können sich isoliert nicht gut entwickeln. Der einsame Turm zeigt in den Himmel, eine majestätische Figur, der die Unterstützung fehlt – wie ein König ohne Generäle oder Soldaten, ein Gebäude, das Unterstützung benötigt, aber keine bekommen kann. Sein ganzer Standort ist unsicher: Wasser auf der Rückseite wird im Feng Shui immer vermieden. Der messerartige Umriß von Roosevelt Island zeigt ständig mit einem schlanken, störenden Finger auf das Gebäude.

11

TEIL EINS

Die Elementar-kräfte

Alte Geschichte und ewiges Prinzip

Die chinesische Kunst, das eigene Leben nach den Kräften des Universums auszurichten, geht mindestens 7 000 Jahre und wahrscheinlich noch weiter zurück. Sie ist eine tiefgreifend kreative und intuitive Kunst. Sie ist aber auch eine Wissenschaft, die diagnostisch arbeitet und mathematische Formeln und eine spezielle Terminologie verwendet.

Diese Kunst wurzelt in einer außergewöhnlichen Sensibilität für die Natur. Die Affinität zur natürlichen Welt spiegelt sich in den beiden chinesischen Schriftzeichen wider, die ihren Namen bilden: Feng Shui. Die wörtliche Bedeutung des Wortes Feng Shui (gesprochen »Fung Shoy«) ist Wind und Wasser.

Das natürliche Universum

Wind und Wasser sind zwei der grundlegendsten Formen von Lebensenergie. Wir wissen aus eigener Erfahrung, wie wesentlich diese für uns sind. Ohne Luft sterben wir innerhalb von Sekunden. Während wir einige Wochen ohne Nahrung leben können, sterben wir bald, wenn wir kein Wasser haben. Im Feng Shui haben die Schriftzeichen auch eine umfassendere Bedeutung, denn getrennt und zusammen symbolisieren sie Manifestationen der Energiebewegung. Wenn wir einmal beginnen, unsere Welt auf diese Art und Weise zu sehen, können wir unsere Umgebungen und deren Charakteristik in einem völlig anderen Licht sehen.

Als sich in China die Betrachtung und Erforschung des natürlichen Universums entwickelte, machten Feng Shui-Praktiker immer subtilere Entdeckungen, die zugleich philosophisch und praktisch waren. Sie konnten feststellen, wie sich die natürliche Energie um sie herum verhielt und auf sie auswirkte. Diese Informationen wurden dann verwendet, um günstige Standorte für menschliche Behausungen zu errichten und für das glückverheißende Zusammenfließen von Kräften für ein gesundes und harmonisches Leben zu sorgen.

Als Feng Shui sich als System vollkommen entwickelt hatte – als die ewige »Kunst, seinen Platz zu finden« –, verband es die acht Stränge von Denken und Praxis miteinander (siehe Seite gegenüber). In der Mitte der Matrix stand der konstante Faktor des individuellen Menschen und brachte die Gesamtzahl der beteiligten Elemente auf neun: die neun Aspekte des Feng Shui. Jedes Element wird auf den folgenden Seiten erklärt.

WIND

WASSER

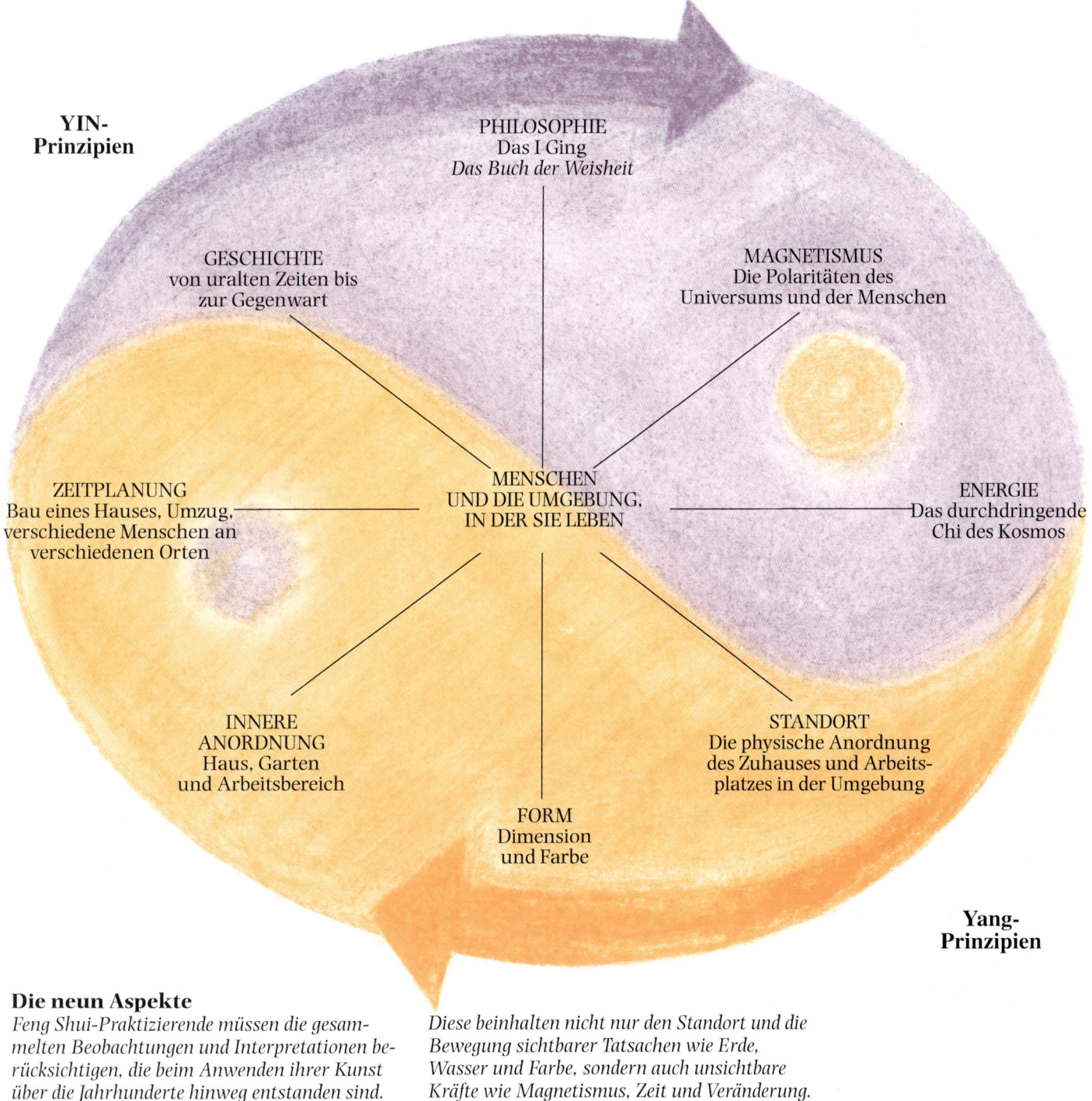

**YIN-
Prinzipien**

PHILOSOPHIE
Das I Ging
Das Buch der Weisheit

MAGNETISMUS
Die Polaritäten des
Universums und der Menschen

GESCHICHTE
von uralten Zeiten bis
zur Gegenwart

ZEITPLANUNG
Bau eines Hauses, Umzug,
verschiedene Menschen an
verschiedenen Orten

MENSCHEN
UND DIE UMGEBUNG,
IN DER SIE LEBEN

ENERGIE
Das durchdringende
Chi des Kosmos

INNERE
ANORDNUNG
Haus, Garten
und Arbeitsbereich

STANDORT
Die physische Anordnung
des Zuhauses und Arbeits-
platzes in der Umgebung

FORM
Dimension
und Farbe

**Yang-
Prinzipien**

Die neun Aspekte
*Feng Shui-Praktizierende müssen die gesam-
melten Beobachtungen und Interpretationen berücksichtigen, die beim Anwenden ihrer Kunst
über die Jahrhunderte hinweg entstanden sind.*

*Diese beinhalten nicht nur den Standort und die
Bewegung sichtbarer Tatsachen wie Erde,
Wasser und Farbe, sondern auch unsichtbare
Kräfte wie Magnetismus, Zeit und Veränderung.*

15

Der Beginn aller Dinge

»Die Kenntnis von den uralten Anfängen ist die Essenz des Weges«, schrieb der chinesische Weise Lao Tse im Tao Te King. Seine Wahrnehmung des Ursprungs von allem, was existiert, poetisch als die »zehntausend Dinge« bezeichnet, beruhte auf einer jahrhundertealten Tradition der genauesten Naturbetrachtung.

Im Westen konzentrierte sich die frühe wissenschaftliche Beobachtung vorwiegend auf das Verhalten von materiellen Gegenständen. Die chinesische Tradition wurde sich jedoch der weniger greifbaren energetischen Einflüsse und Lebenskräfte sehr genau bewußt, die die Gegenstände und Wesen um uns herum entstehen lassen. Deshalb beobachteten die Chinesen den unermeßlichen und unbegrenzten Raum, aus dem alle Phänomene entstehen, und wurden sich des unsichtbaren, grenzenlosen Potentials des Universums bewußt.

Da es in der heutigen weltlichen Sprache nur schwer ausgedrückt werden kann, ist dieses Konzept oft falsch übersetzt und interpretiert worden, indem dafür scheinbar negative Begriffe wie »Leere« oder »Nichts« verwendet wurden – was eine Art von dunklem, unbewohntem Vakuum impliziert, das das Krankheitsbild der Depression hervorruft.

In Wirklichkeit ist die Bedeutung genau entgegengesetzt. Der Beginn von allem ist nichts. Aus dem Mysterium des Nichts entsteht das Wunder des Alles. Kein »Nichts« im Sinne der Nichtexistenz, sondern so, als ob wir bei Dämmerung in einen wolkenlosen Himmel schauen und geduldig beobachten. Wir sehen, wie sich Wolken an einem scheinbar klaren, leeren Himmel bilden. Die Chinesen drückten dieses Energiepotential durch einen perfekten Kreis aus. Als Symbol erreicht es Ebenen, wo Worte versagen – mit einem Strich werden Fülle und Leere zugleich, endlose Bewegung und völlige Ruhe ausgedrückt. Die Chinesen bezeichnen es als »Wu Chi«, das die Bedeutung von »Urenergie« hat.

Die Chinesen verstanden den Kreis als Gebärmutter oder unbefruchtetes Ei. Beide sind voller Leben, bereit zu gebären und fähig, die intensive Vitalität des Wachstums materiell zum Ausdruck zu bringen. In dem Augenblick, in dem eine Samenzelle in das Ei eindringt, findet eine Transformation statt. Innerhalb des Kreises erscheint ein winziges Pünktchen und verändert das energetische Muster.

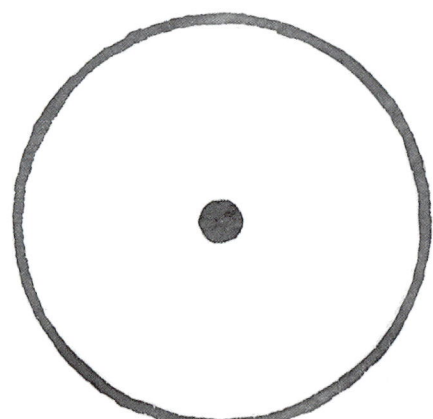

**Die Geburt
von Yin und Yang**
Die Chinesen haben die Natur genau untersucht und beobachtet, wie sich die universelle Energie bei der Entfaltung des Lebens auf der Erde bewegt. Der Kreis, ein befruchtetes Ei, wird durch eine einzige Samenzelle, die durch den Punkt dargestellt wird, transformiert.

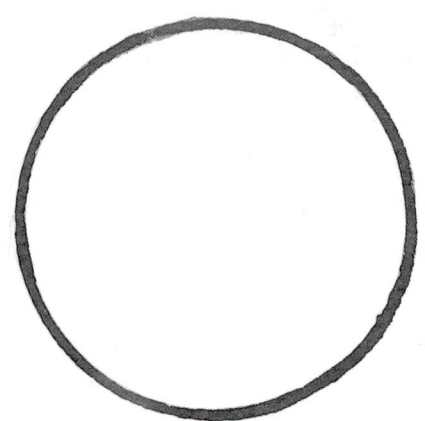

Das Wu Chi
Alle Urenergie wird durch den Kreis, der zugleich voll und leer ist, dargestellt und ist darin enthalten. »Geheimnisvoll geformt vor Himmel und Erde ... ist es die Mutter der zehntausend Dinge«. Tao Te King

Was schlief, ist jetzt befruchtet. Was zuvor undifferenziert war, hat jetzt begonnen, Eigenschaften anzunehmen. Die einzelne Wesenheit ist jetzt geteilt. Die Chinesen bezeichnen das als die Geburt von Yin und Yang – die Entstehung der zwei fundamentalen, interaktiven Kräfte des Universums.

In diesem frühesten Augenblick der Transformation bewegt sich nichts. Zwei verschiedene Potentiale entstehen, es ist eher so, als würde ein Magnetfeld geschaffen. Jetzt

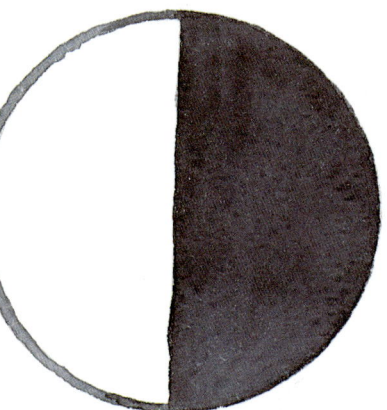

Die entstehenden Kräfte
Yin und Yang sind der Weg des Himmels und der Erde, das grundlegende Prinzip der unzähligen Dinge, der Vater und die Mutter des Wandels und der Transformation. Die Zwillingskräfte von Yin und Yang wirken aufeinander. Die Bewegung beginnt.

existieren zwei Pole. Die Kraftfelder ihrer polarisierten Energien beginnen zu wachsen, so daß der gesamte Raum des ursprünglichen Kreises ein Spielfeld für die wachsenden Kräfte von Yin und Yang wird. Die alte Beschreibung dieses Zustandes ist ein zweigeteilter Kreis: eine Seite ist hell, die andere dunkel.

Die Kräfte sind so fein ausgeglichen und voneinander abhängig, daß ihre Bewegung zwei Fischen gleicht, die miteinander im Wasser gleiten. Dieses außergewöhnliche Motiv ist sowohl eine elegante Beschreibung des fundamentalen Charakters des bekannten Universums als auch die subtilste Algebraformel. Der äußere Kreis stellt weiterhin die Gesamtheit alles Existierenden dar, zusammen mit dessen undifferenziertem Potential. Diese ineinander eindringenden Kräfte von Yin und Yang bewegen sich im Gleichgewicht. Wo Yin am wenigsten vorhanden ist, ist

Yang am größten. Wo Yang abnimmt, wächst Yin. In der Mitte beider Segmente befindet sich ein kleiner Kreis – ein Same von Yin innerhalb der Fülle des Yang, der Ursprung des Yang innerhalb der Fülle des Yin. Auf diese Art und Weise gebären sich Yin und Yang endlos.

Das Yin-Yang-Modell verdient es, länger betrachtet zu werden. Alles, was in diesem Buch folgt, wurzelt in diesem theoretischen Modell des Universums. Am signifikantesten ist eine Wahrnehmung in der Yin-Yang-Theorie, die sich sehr stark vom konventionellen Denken unterscheidet. Viele unserer Annahmen über die Welt um uns beruhen eher auf der Vorstellung, daß einerseits Materie existiert (Felsen oder Hammer) und andererseits Energieformen (Blitze oder Gedanken). Wir wissen jetzt, daß das eine Illusion ist. Die moderne Physik – und die Explosion der Atom und Wasserstoffbomben – haben gezeigt, daß Materie und Energie im Grunde genommen ein und dasselbe sind. Feng Shui beruht auf derselben Erkenntnis. Die Feng Shui-Welt sieht mehr aus wie unsere Welt unter einem starken Mikroskop betrachtet – eine Welt, in der sich das scheinbar Feste in einen Energietanz auflöst, eine Welt, deren grundlegende Eigenschaften ständig von einer Manifestation zur anderen transformiert werden und in der sich alle Energiemuster gegenseitig beeinflussen.

Das Tai Chi
Alle Dinge und Ereignisse wachsen und entwickeln sich ununterbrochen und stellen den fortwährenden Austausch von Yin und Yang dar.

Licht und Schatten

Yin und Yang sind in allem sichtbar, das uns umgibt. Wenn das Licht direkt auf einen Gegenstand fällt, gibt es Licht und Schatten zugleich. Die chinesischen Schriftzeichen für Yin und Yang beschreiben die Wirkung des Sonnenlichts auf einen Hügel. Eine Seite ist in Licht gebadet, die andere liegt im Schatten. Beide Schriftzeichen haben verschiedene Bestandteile.

Yin setzt sich aus einem Hügel, einer Wolke am Himmel und Menschen zusammen, die sich unter einem einzigen Dach versammeln.

ein Hügel...   *Menschen unter einem Dach ...*   *eine Wolke ...*   **YIN**

Yang beinhaltet den Hügel, hat aber die Sonne neben sich sowie das Gefühl von Energie in Bewegung.

ein Hügel ...   *Sonne über dem Horizont ...*   *Lichtstrahlen, sich bewegende Energie ...*   **YANG**

Yin drückt das subtile Gefühl aus, das wir haben, wenn wir die Seite des Hügels im Schatten sehen. Die Stimmung des Yang ist die eines Hügels in hellem Sonnenlicht. Aufgrund dieser Metapher wird allgemein davon ausgegangen, daß Yin für Dunkelheit und Schatten steht und Yang Helligkeit und Licht bedeutet.

Die chinesischen Schriftzeichen übermitteln weit mehr als einfache statische Zustände. Sie wirken wie Poesie und rufen etwas wach. Da das Spiel des Sonnenlichts auf einem Hang eine veränderliche Eigenschaft des Übergangs zeigt,

können wir zuerst das Zusammenwirken von Yin und Yang erfahren. Die Sonne hat nie eine fixe Position. Die Wolken, die ihre Schatten auf die Erde werfen, bewegen sich. Was in diesem Moment im Schatten liegt, kann nur Stunden zuvor im vollen Sonnenlicht gelegen haben, und was jetzt vom Tageslicht erhellt ist, wird bei Nachteinbruch dunkel sein. Wenn es daher heißt, daß die Nacht Yin und der Tag Yang ist, dann sprechen wir nicht allein von der augenblicklichen Qualität von Tag und Nacht, sondern auch vom ständigen Veränderungszyklus, da alles unaufhaltsam in

das andere übergeht. In jedem Augenblick kann die schwer
faßbare Eigenschaft von Yin und Yang in allem, was wir erfahren, wahrgenommen werden. Wo immer wir sehen, daß
eine Person oder ein Gegenstand die energetische Eigenschaft der Empfänglichkeit hat, ist Yin vorhanden – die
Kraft des Nährens und Gebärens. Die Kraft der richtungs-
weisenden, kraftvollen Aktivität ist andererseits Yang. Wie
die Tabelle zeigt, werden diese Kräfte auf

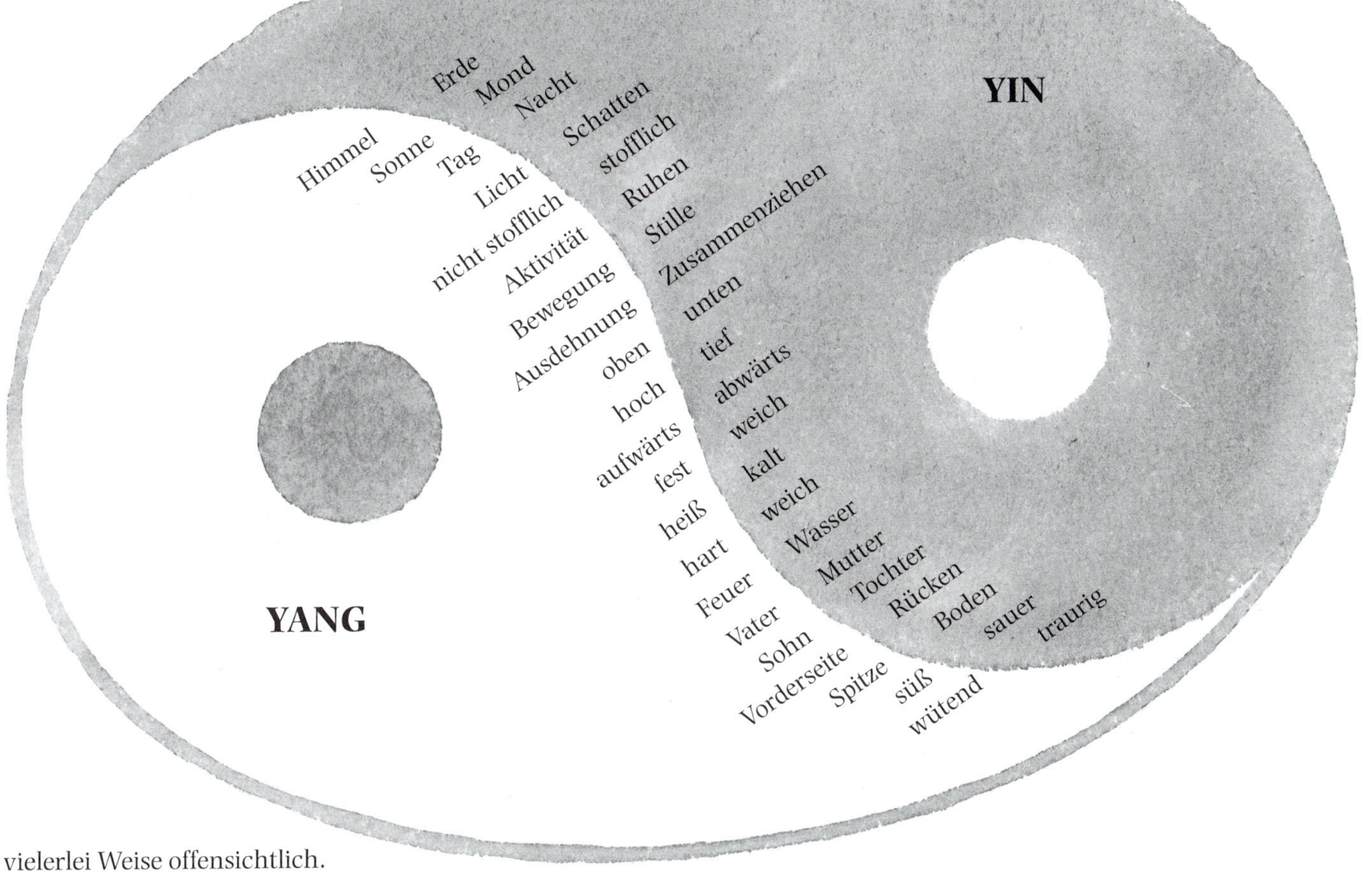

YIN

Himmel Sonne Tag Licht nicht stofflich Aktivität Bewegung Ausdehnung oben hoch aufwärts fest heiß hart Feuer Vater Sohn Vorderseite Spitze süß wütend

Erde Mond Nacht Schatten stofflich Ruhen Stille Zusammenziehen unten tief abwärts weich kalt weich Wasser Mutter Tochter Rücken Boden sauer traurig

YANG

vielerlei Weise offensichtlich.

Die Yin-Yang-Theorie ist ein Modell des ständigen Ver-
änderungsprozesses. Analog bezeichnen Yin und Yang nur
zwei Punkte in der Transformation der Energie – in jedem
einzelnen Augenblick. Nichts ist im Grunde genommen Yin
oder Yang. Nichts existiert vom Rest des Universums getrennt. Selbst wenn wir etwas isolieren könnten, wären wir
nicht in der Lage zu verhindern, daß es sich verändert.

La Défense, Paris

Die Interaktion zwischen Yin und Yang durchdringt alles. In dieser Stadtlandschaft ist das Land, das fest ist, Yin; die Bewegung oben am Himmel ist Yang. Die gewundenen Linien der Gebäude sind Yin im Verhältnis zu den geraden, vertikalen und horizontalen Linien, die mehr Yang sind. Der Gehsteig aus Beton und die Gebäude sind stabil und stehen still und sind doch Yin im Verhältnis zur Vitalität und der Bewegung der vorbei-gehenden Menschen, die Yang sind. Die gleichen Gebäude sind jedoch im Verhältnis zu ihren Schatten Yang, denn sie sind feste Strukturen, während die Leere des Schattens Yin ist. Die dunklen Schatten sind Yin im Gegensatz zum Yang des Lichts. Aber dieselben Schatten sind ständig in Bewegung, so daß es Bereiche gibt, die jetzt im Schatten, aber bald in der Sonne liegen werden. Was einmal Yin war, wird Yang werden.

Clew Bay, Irland

Sie können die Theorie von Yin und Yang auf diese Landschaft anwenden. Das Tageslicht ist Yang im Verhältnis zum unvermeidlichen Einbruch der Nacht, und die Sonne selbst ist im Vergleich zur Erde Yang. Die Wolken sind weich, kühl und feucht. Deshalb sind sie im Verhältnis zur Sonne Yin. Die Wolken sind aber im Vergleich zu den Schatten, die sie werfen, viel heller und deshalb Yang im Verhältnis zum darunter befindlichen Schatten. Die Berge sind im Verhältnis zum Tiefland Yang. Im Verhältnis zum See sind sie jedoch Yin – da die Berge stillstehen und das Wasser im See fließt. Gleichzeitig ist die flüssige, nachgiebige Qualität des Wassers im Verhältnis zu der aufsteigenden und festen Energie der Berge Yin. Die Hauswände, die im Schatten liegen, sind im Verhältnis zu den im Licht befindlichen Wänden Yin. Diese Beziehung ist aber nicht von Dauer: Sie wird sich ebenfalls im Laufe der Zeit verändern.

Die Muster der Veränderung

Yin und Yang gebären die zahllosen Muster der Existenz. Universelle Muster entstehen aus der verblüffenden Fülle von Wesen und Ereignissen. Die Energietransformationen können systematisch aufgeführt werden – eine große Aufgabe, die von chinesischen Gelehrten vor Tausenden von Jahren in einem bemerkenswerten Werk der Weisheit, dem I Ging, vollendet worden ist, das als *Das Buch der Wandlungen* am bekanntesten geworden ist. Dieses Kompendium genauer Beobachtungen ist ein komplexes und umfassendes Handbuch zum Verständnis des ständigen Flusses, der die Welt, in der wir leben, immer wieder erschafft und verändert.

Das Herzstück des Buches der Wandlungen bildet die Theorie von Yin und Yang. Seine 64 Kapitel und die vielen Kommentare hervorragender chinesischer Philosophen über die Zeitalter hinweg untersuchen sorgfältig, wie das Zusammenspiel von Yin und Yang die ganzen sich ständig verändernden Phänomene erzeugt, die wir erfahren.

Das Buch der Wandlungen ist in verschiedene Sprachen übersetzt worden. Es ist eines der wunderbarsten Werke des menschlichen Geistes überhaupt und hat nicht nur die chinesische Kultur, sondern auch die großen Geister auf der ganzen Welt über die Jahrhunderte stark beeinflußt.

Da das Buch der Wandlungen regelmäßig als Quelle der Weissagung konsultiert wird, sind bezüglich seiner Natur und seines Wertes sehr viele Vermutungen angestellt worden.

In China allein sind einige hundert Kommentare geschrieben worden, um die Bedeutung seiner Struktur und der rätselhaften Aussagen zu interpretieren. Die Bedeutung des Werkes liegt jedoch nicht ausschließlich in seinem Wert als Werkzeug der Weissagung, sondern auch in seinen erstaunlichen Einsichten in die inneren Mechanismen der Veränderung. »Wie ein Teil der Natur«, schrieb der Psychologe Carl Jung, »wartet es, bis es entdeckt wird.« Die Eigenschaften der Veränderung – und die daraus entstehenden Muster – werden im Buch der Wandlungen durch ein täuschend einfaches System von acht Trigrammen analysiert. Jedes Trigramm besteht aus drei Linien. Jede Linie ist wiederum entweder unterbrochen oder durchgezogen. Die durchbrochene Linie steht für die Kraft von Yin, das weibliche Prinzip, und die durchgezogene Linie symbolisiert die Kraft von Yang, das männliche Prinzip.

Die acht Trigramme

Aus dem Wu Chi (dem vollkommenen Kreis, der die Gesamtheit und die Leere zugleich darstellt) werden Yin und Yang geboren. Wenn Yin (weiblich) und Yang (männlich) zusammenwirken, zeugen sie zwei Söhne und zwei Töchter. Jeder Sohn und jede Tochter zeugen wiederum einen weiteren Sohn und eine Tochter und schaffen damit die acht Basistrigramme.

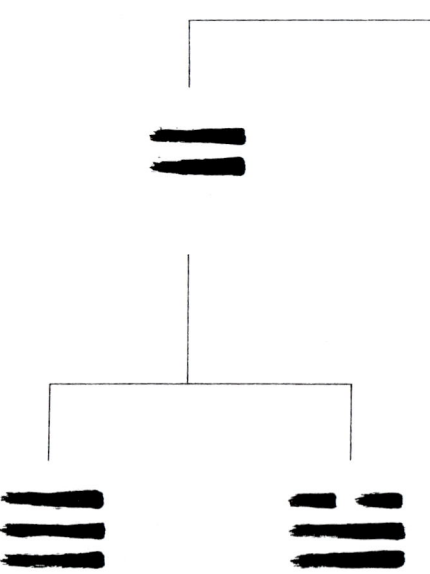

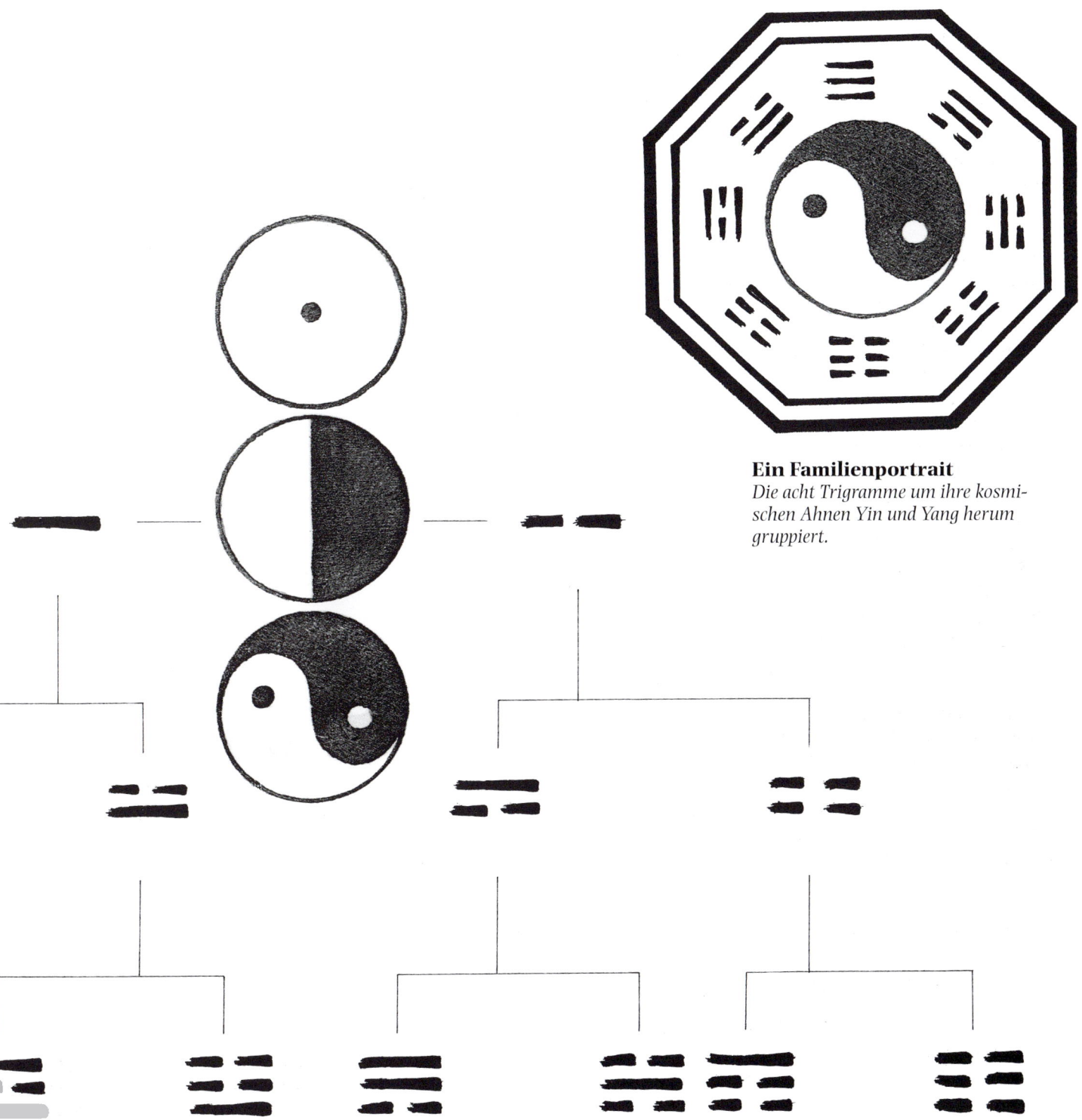

Ein Familienportrait
Die acht Trigramme um ihre kosmischen Ahnen Yin und Yang herum gruppiert.

23

Die zehntausend Dinge

Yin und Yang gehen ständig ineinander über. Ihre Kombinationen sind daher im ständigen Fluß. Wie wir gesehen haben, wachsen die möglichen Kombinationen, wenn sie miteinander kombiniert werden: erst zwei, dann vier, dann acht. Das Vertauschen der acht ergeben 64 Trigrammpaare – die 64 Hexagramme des I Ging. Aus ihrem Zusammenspiel entsteht die Vielzahl der »zehntausend Dinge«.

Um die 64 Hexagramme zu interpretieren, müssen Sie die ursprüngliche Bedeutung der acht Trigramme verstehen. Es heißt, daß sie von Fu Hsi, einem König, gefunden wurden, der etwa um 3 000 v. Chr. gelebt haben muß. Die dreifachen Yin- und Yanglinien, die die acht Trigramme bilden, repräsentieren alle grundlegenden Zustände auf der Erde und im Kosmos.

Die Familie der Linien

Traditionell hielt man die acht Trigramme für eine Familie, die die ursprüngliche Konfiguration energetischer Kräfte in jedem Aspekt des Lebens darstellte. Nachstehend sind sie in ihrer ursprünglichen Reihenfolge aufgeführt.

VATER Der chinesische Name ist Ch'ein und bedeutet Himmel. Die drei durchgezogenen Linien zeigen ein Maximum an Yangkraft und rufen ein Gefühl für die große kreative Kraft und Stärke in der ganzen Natur hervor. Dies ist die Kraft von Inspiration, Führerschaft, Willensstärke und Entschlossenheit.

JÜNGSTE TOCHTER Der chinesische Name ist Tui – der See. Die sanftere durchbrochene Yinlinie ruht auf den beiden Yanglinien, so wie ein neues Kind vom Rest der Familie unterstützt wird. Das Gefühl hier ist sehr frisch, es ist die Qualität des Wachseins und der Anziehung sowie die Kraft von Kommunikation, Vergnügen und Offenherzigkeit.

MITTLERE TOCHTER Der chinesische Name ist Li – Feuer. Zwei Yanglinien werden von der Kraft einer einzelnen Yinlinie in der Mitte auseinandergedrückt. Die Energie hier ist explosiv, es werden zwei Kräfte von der Mitte her auseinandergeschoben. Es besteht ein Gefühl der Kraft der Erleuchtung, von Klarheit und Intelligenz.

ÄLTESTER SOHN Der chinesische Name ist Chen – Donner. Die Kraft einer einzelnen Yanglinie unten durchdringt die beiden darüberliegenden Yinlinien. Wie auch der älteste Sohn in einer traditionellen Familie verleiht die Yangkraft denen Unterstützung, die von ihr abhängig sind. Das Konzept des Donners überträgt die Kraft und Geschwindigkeit eines Funkens, der aus den Kräften von Yin und Yang geboren ist – die unwiderstehliche Freisetzung von gesammelter Energie.

ÄLTESTE TOCHTER Der chinesische Name ist Sun – der Wind. Die durchdringende Energie einer einzelnen Yinlinie drückt nach oben gegen zwei solide Yanglinien. Die Energie ist scheinbar sanft und unsichtbar, aber trotzdem beständig, geduldig und arbeitet schwer. So wie man anderen an einem heißen Tag Kühlung zufächelt, arbeitet man still für sich, und die Brise wird von anderen wahrgenommen.

MITTLERER SOHN Der chinesische Name ist Hum (K'an) – Wasser. Die äußeren Linien dieses Trigramms sind zwei weiche Yinlinien. Dazwischen befindet sich eine starke Yanglinie. Das drückt die geheimnisvolle Kraft des Wassers aus und ruft das Empfinden von sehr tiefen, dunklen und kalten Energien hervor. Es besteht ein Gefühl von Zurückziehen, Absteigen und von etwas Tiefgreifendem. Hierin liegen aber auch Gefahr und große Schwierigkeiten.

JÜNGSTER SOHN Der chinesische Name ist Ken – der Berg. So wie der große Berg auf der Erde ruht, so wird eine feste Yanglinie von zwei Yinlinien unterstützt, was für die Hilfe steht, die der junge Sohn wie auch die jüngste Tochter vom Rest der Familie erhält. Die Eigenschaft hier ist eine innere Stille, Ruhe und Meditation – eine Quelle großer Stärke für die Familie in Zeiten zukünftiger Bedürfnisse.

MUTTER Der chinesische Name ist K'un – die Erde. Hier haben wir die volle Yinkraft, die durch drei durchbrochene Linien dargestellt wird. Dies ist die enorme Energie der Erde, die alle Formen des Lebens nähren kann. Diese Energie ist expansiv, fruchtbar und tolerant. Sie bringt die Eigenschaft der Akzeptanz und der natürlichen Reaktionsfähigkeit mit sich. Hier ist die Kraft zu nähren, zu erhalten und anzupassen.

Die acht Richtungen

Die acht Trigramme repräsentieren auch die acht Richtungen. Obwohl der Norden traditionell in Feng Shui-Tabellen unten abgebildet ist, entspricht er dem magnetischen Norden. Stellen Sie sich die Richtungen vor, als ob Sie sie von der entgegengesetzten Seite des Kompasses anschauen.

Zyklische Kräfte

Jedes Trigramm hat einen entsprechenden Platz in den Zyklen der Jahreszeiten und Stunden. Die Trigramme sind ein Werkzeug, um die ständigen Interaktionen zwischen Yin und Yang zu analysieren, und spiegeln darüber hinaus auch die zyklischen Kräfte wider, die uns beeinflussen.

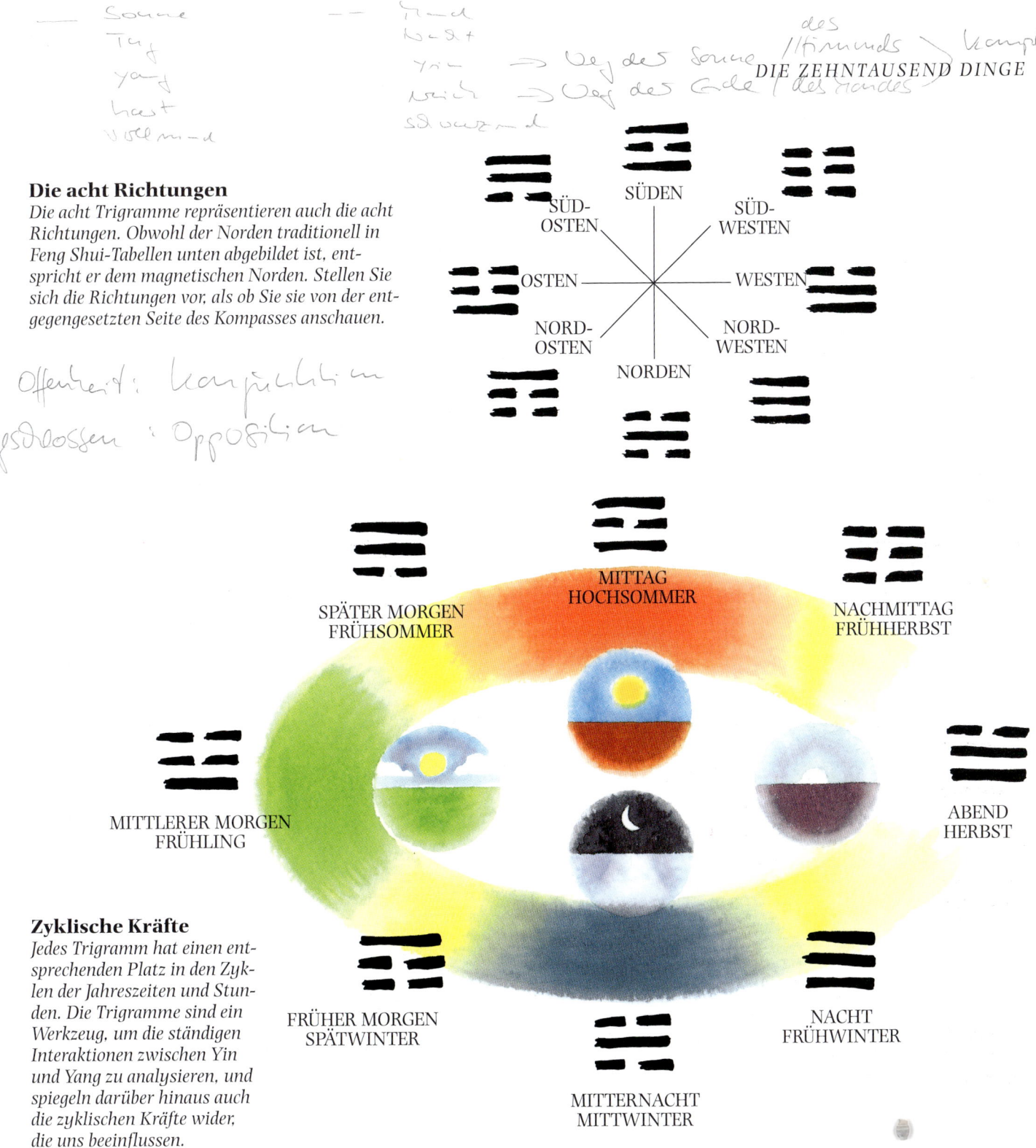

SÜDEN
SÜD-OSTEN
SÜD-WESTEN
OSTEN
WESTEN
NORD-OSTEN
NORD-WESTEN
NORDEN

MITTAG
HOCHSOMMER

SPÄTER MORGEN
FRÜHSOMMER

NACHMITTAG
FRÜHHERBST

MITTLERER MORGEN
FRÜHLING

ABEND
HERBST

FRÜHER MORGEN
SPÄTWINTER

NACHT
FRÜHWINTER

MITTERNACHT
MITTWINTER

25

Das Drachenpferd und die Schildkröte

Zahlen haben im Feng Shui eine tiefe Bedeutung. So wie chinesische Gelehrte den Verlauf der Veränderungen von der Einheit des Wu Chi bis hin zur Vielfalt verfolgt haben, die aus den Hexagrammen des I Ging erwächst, so führte sie ihr wachsendes Verständnis von der Natur zu einem intensiveren Studium von Zahlen und deren Bedeutung. Ihre Analysen und Schlußfolgerungen sind heute allgemein unter dem Begriff »Numerologie« zusammengefaßt – ein Studienbereich, der für den Feng Shui-Praktizierenden essentiell ist.

Die Numerologie hat ihren Ursprung in der legendären Vergangenheit, als ein Großteil Chinas von einer großen Überschwemmung heimgesucht wurde. Die betroffenen Dorfbewohner berichteten, daß sie ein Pferd mit einem Drachenkopf gesehen hatten, das aus den Fluten emporstieg. Dann kam noch eine zweite Flut, die vor etwa 6 000 Jahren stattgefunden haben soll. Eine Schildkröte mit einer speziellen Zeichnung auf dem Panzer wurde im Fluß Lo gesehen. Die Zeichnungen des sagenhaften Drachenpferdes und der Schildkröte sollten für die Prinzipien stehen, die alle Manifestationen des Universums beherrschen.

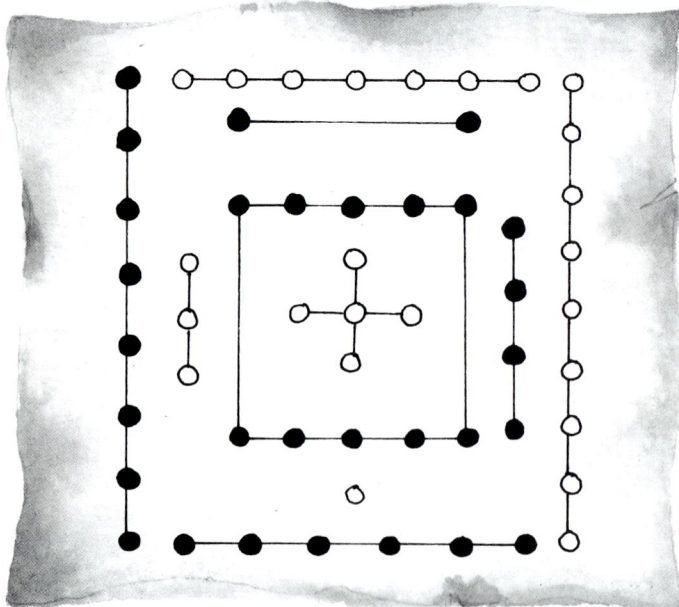

Die Zeichnungen des Pferdes

Das Pferd trug auf der Seite eine Reihe von Zeichnungen, die für die Nachwelt als strahlenförmig verlaufende Quadrate festgehalten wurden (links). Wenn Sie alle Linien zusammenzählen, finden sie alle Zahlen von eins bis neun mit einer quadratischen Konfiguration in der Mitte, die fünf zählt.

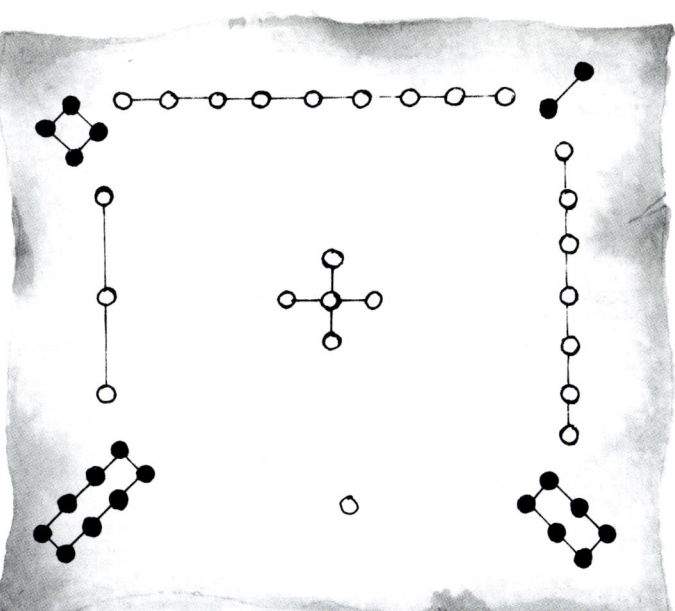

Die Zeichnungen der Schildkröte
Die Zeichen auf dem Rücken der Schildkröte wurden in dieser traditionellen Zeichnung festgehalten (rechts).

Das chinesische Zahlengitter
Die Zeichnungen des Drachenpferdes und der Schildkröte wurden dann umgewandelt, und so entstand das jetzt berühmte Zahlengitter (unten rechts), in dem die Zahlen so stehen, daß sie in jede Richtung addiert 15 ergeben. Dies sollte die Harmonie der Yin- und Yangkräfte und damit des Universums widerspiegeln.

4	9	2
3	5	7
8	1	6

Die Zahlen und ihre Positionen
Wenn man die Zeichnungen des Drachenpferdes und der Schildkröte studiert, entdeckt man bestimmte gemeinsame Merkmale: die Zahl 3 befindet sich auf der linken Seite, die Zahl 5 in der Mitte und so weiter. In der chinesischen Numerologie hat die Position und die gegenseitige Beziehung zwischen den Zahlen eine Bedeutung, die genutzt wird, um verschiedene Phänomene zu analysieren oder vorherzusagen: die Gesundheit einer Person, Arbeit, Heirat und Finanzen sowie ihre Zukunft und das Netzwerk ihrer menschlichen Beziehungen. Im Feng Shui bezeichnet jede Zahl einen Punkt auf dem Kompaß: unten in der Mitte (Nr. 1) ist Norden; das Feld oben in der Mitte ist Süden (Nr. 9). Die gesamten Beziehungen sind auf der nächsten Seite zu sehen.

Zahlen und Trigramme

Als die Basisformeln der Muster der Wandlungen in Form der Trigramme aufgestellt waren, konnten sie mit der Zahlenreihe verschmolzen werden, woraus verschiedene wichtige Anordnungen entstanden. Die erste Aufstellung, die gewöhnlich einfach als »Die erste Sequenz« oder »Die Sequenz des früheren Himmels« bezeichnet wird, war ein vollkommenes Kräftegleichgewicht. Die gegensätzlichen Paare standen sich in einem Kreis gegenüber.

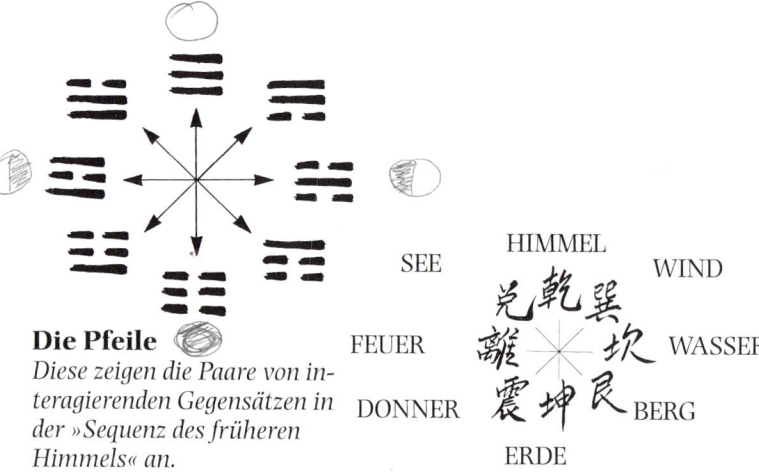

Die Pfeile
Diese zeigen die Paare von interagierenden Gegensätzen in der »Sequenz des früheren Himmels« an.

Die Namen
Die »Sequenz des früheren Himmels« zeigt die Namen der Trigramme.

Die Zahlen
Diese entsprechen jedem der Trigramme in der »Sequenz des früheren Himmels«.

7	6	4
9	1	
3	2	8

Die Sequenz des früheren Himmels
Diese Sequenz zeigt die energetischen Kräfte, die sich in jedem Augenblick ausdrücken. Sie ist aber in gewissen Sinne leblos, da sie vollkommen stabil und ausgeglichen ist. Sie bildet die Kräfte ab, zeigt aber nicht, wie sie interagieren oder zu einer Bewegung führen. Zum Beispiel wird der Himmel durch die Erde vollkommen ausgeglichen und das Feuer durch Wasser. Daher ist die Energie der Willenskraft (Himmel) im Verhältnis zur Fähigkeit zu akzeptieren (Erde) vollkommen ausgeglichen. Die explosive Kraft des Feuers wird durch die herabfließende Energie des Wassers ausgeglichen. Ähnlich werden die frischen Energien des Sees durch die Stille des Berges in Schach gehalten; die sanfte Kraft des Windes hält die potentielle Kraft des Donners zurück. Diese Anordnung ist wie ein Stilleben. Feng Shui-Praktiker bezeichnen sie als »die Werkzeuge«: Sie zeigt die Energiemuster, aber nicht, wie sie sich bewegen und wirken.

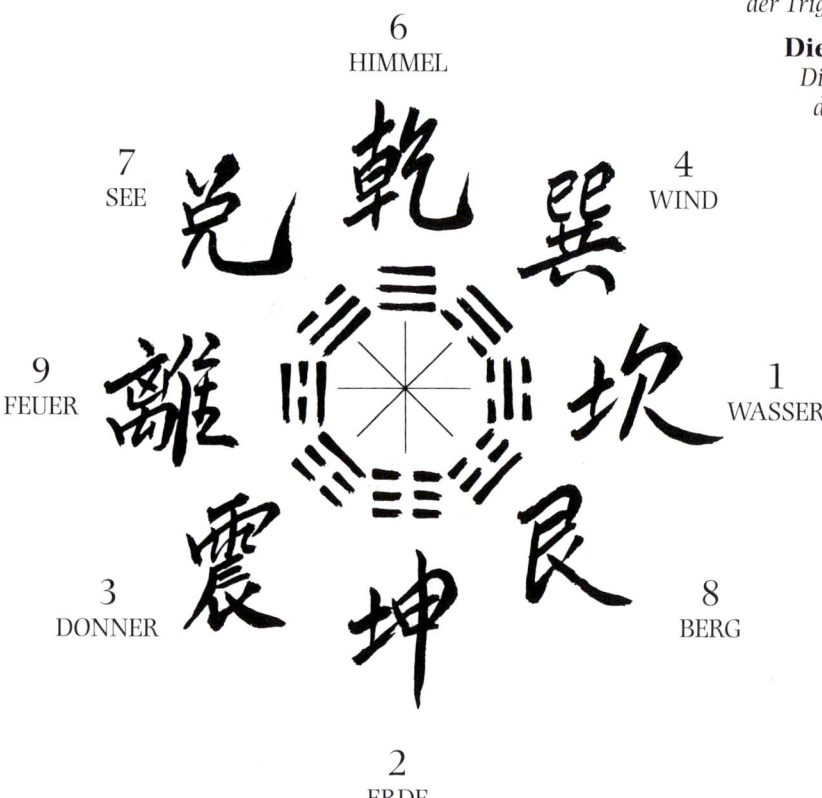

Die Sequenz des späteren Himmels

Jetzt können wir unten alle Energien sehen, die im Gegensatz zum vorhergehenden statischen Muster in einem Zyklus wirken. Dieses Modell wird manchmal als »König Wens Reihenfolge« oder »Die Sequenz des späteren Himmels« bezeichnet. Jetzt arbeiten die Werkzeuge. Dies ist dasselbe wie die Konfiguration von Trigrammen, die die Jahreszeitenzyklen und die Umwandlung von Tag in Nacht zeigen (siehe S. 24 – 25). Sie ist ein lebendiges Modell der ständigen Entwicklung von Geburt, Verfall und Entstehung. Um die Sequenz richtig zu lesen, beginnen Sie genau an der Stelle des Kreises, an der Yin in Yang übergeht. Hier finden Sie die aufsteigende schöpferische Kraft, die durch die ganze Stärke der drei Yanglinien des Trigramms Himmel zum Ausdruck kommt. In der Abfolge der Jahreszeiten ist das der Frühe Winter. In dieser Jahreszeit beginnt die tiefste Konzentration.

Wenn wir 45 Grad nach links gehen, befindet sich unten im Kreis der Mittwinter, dessen Trigramm das Wasser ist: tiefgründig, dunkel und schwierig, die Schöpfungsbasis. Dann kommt die Energie des Berges, die Stille des Spätwinters, der Übergang zu neuem Wachstum. Der Frühling bricht wie die explosive Kraft des Donners hervor, die unwiderstehliche Kraft der ganzen Natur. Alles, was im Frühling hervorkommt, muß dann sein Wachstumsmuster erfüllen, was geduldige, längere Arbeit erfordert. Das ist die Kraft des Früh-

sommers, dessen Trigramm der Wind ist – sanft, beständig und durchdringend. Die Energie des Hochsommers wird vom Trigramm für Feuer symbolisiert, in dem alles auf faszinierende Weise erleuchtet wird und in der Fülle seiner Kraft steht.

Die Intensität des Sommers vervollständigt dessen Wirken in der Erfüllung des Herbstes, der mit dem Trigramm Erde beginnt und seinen Höhepunkt im Trigramm des Sees findet. Dies bringt uns zu den Tiefen des Herbstes und dem Verfall des Jahres, dem größten Ausmaß von Yin, aus dem wiederum das Yang geboren wird. Daher ist die Vision des I Ging eine riesige, rotierende Energiekaskade und keine lineare Welt, in der der Tod das Ende des Lebens ist. Am entferntesten Punkt des Zyklus stehen wir nicht am Ende, sondern am Anfang.

SÜDEN
HOCHSOMMER
FEUER
9

SÜDOSTEN
FRÜHSOMMER
WIND
4

SÜDWEST
FRÜHHERBST
ERDE
2

OSTEN
FRÜHLING
DONNER
3

WEST
HERBST
SEE
7

NORDOSTEN
SPÄTWINTER
BERG
8

NORDWEST
FRÜHWINTER
HIMMEL
6

NORDEN
MITTWINTER
WASSER
1

29

Die Umrisse der Zeit

Die Zeit ist die Kurve des Universums. Sie ist das wiederkehrende Muster des sich entfaltenden Kosmos. »Um die Veränderung zu meistern, ist nichts wichtiger als das Verstehen von Zeit«, sagt das taoistische *Buch von Gleichgewicht und Harmonie*.

Durch die Beobachtungen der ersten Feng Shui-Praktiker und die Erfahrung derjenigen, die die Kunst bis zum heutigen Tag entwickelt haben, konnten unterschiedlich lange wiederkehrende Zeitzyklen festgestellt werden. Der größte Zyklus, den sie entdeckten, hatte eine Gesamtdauer von 180 Jahren. Dies umfaßte neun Zyklen von 20 Jahren, die sich dann am Ende jeder der neun 20-Jahresperioden wiederholten. Innerhalb jedes 20-Jahreszyklus gibt es die kleineren Zyklen von Jahren, Monaten, Tagen, Stunden und Sekunden. Jeder dieser Zyklen wird weiterhin im Feng Shui verwendet, um das Verhalten von Energie zu verstehen und vorherzusagen.

Die kürzeren Zyklen, die in weniger als einem Jahr stattfinden, werden normalerweise verwendet, wenn Menschen beraten werden, die spezielle Ereignisse im Jahr planen wie Hochzeiten, die Unterzeichnung von Verträgen und die Eröffnung von neuen Gebäuden, Büros und Geschäften. Ziel ist es festzustellen, welcher Tag eines bestimmten Monats (oder sogar welche Stunde an diesem Tag) am besten geeignet ist, um in ein neues Haus einzuziehen oder eine wichtige geschäftliche Verpflichtung einzugehen.

Die längeren Rhythmen werden berücksichtigt, wenn es um größere Veränderungen im Leben geht wie bei einem

Zeit und Engerie

Während die Erde um die Sonne kreist, trifft die solare Energie an jedem Tag jeden Punkt auf der Erde in einem anderen Winkel und in einer anderen Position. Feng Shui-Praktiker müssen sowohl den wechselnden Einfluß der Sonne als auch den Zeitpunkt und die Richtung aller anderen bekannten Einflüsse berücksichtigen.

Karrierewechsel. Diese Zyklen beginnen mit dem Mondjahr. Die Mondphasen bilden die Grundlage des chinesischen Kalenderjahres (siehe gegenüberliegende Seite), und das Jahr beginnt normalerweise Anfang Februar.

Jedes Jahr nehmen zahllose Hausbesitzer und Bewohner nach dem professionellen Rat von Feng Shui-Experten beträchtliche physische Veränderungen in ihren Häusern und Büros vor. Das ist in chinesischen Gemeinschaften üblich, diese Praxis verbreitet sich aber immer mehr. Die Veränderungen reichen vom Streichen der Wände und Neuanordnung von Möbeln, Spiegeln und Dekorationen bis zur Anpassung der Türausrichtung und Raumaufteilung. Ob die Veränderungen groß oder klein sind – sie werden alle vorgenommen, um die energetischen Umweltveränderungen mit den verschiedenen Zeitzyklen zu berücksichtigen.

Neben dem Jahreszyklus gibt es ein größeres Wandlungsmuster, das alle 20 Jahre stattfindet. Es entspricht dem System der Numerologie und der Bedeutung jeder der neun Basiszahlen. Jede Zahl wird einem Bereich zugeordnet (siehe S. 29). Aufgrund dieses Wissens können Feng Shui-Praktiker ihre Kunden vor den möglichen Energiequalitäten warnen, die sie in gewissen Richtungen in gewissen Jahren beeinträchtigen. Die Sequenz der Felder (rechts) verfolgt die Bewegung eines speziellen Energieaspekts über die neun Jahre hinweg von 1995 bis 2003.

Die dunklen Felder zeigen eine Himmelsrichtung an, aus der schädliche Energie zu erwarten ist, oder den Bereich, in dem man besonders vorsichtig sein sollte.

Die Zyklen der Zeit

Die Sequenz der Wandlungen: eine Sekunde, eine Stunde, ein Tag, ein Monat, ein Jahr, 20 Jahre, 180 Jahre.

Der chinesische Kalender

Die frühesten chinesischen Kalender wurden von den Astrologen des Kaiserhofes gezeichnet. Ein chinesischer Kalender ähnelt einem Almanach, der ursprünglich den Bauern Ratschläge für die Planung ihres landwirtschaftlichen Jahres gab. Heutzutage enthält ein chinesischer Kalender eine größere Bandbreite von Informationen. Der vordere Kalender gilt für ein einziges Jahr. In der obersten Zeile stehen nicht die Tage und Daten, sondern die Hauptrichtung, aus der positive Energie während des Jahres zu erwarten ist. Darunter befindet sich ein Achteck, das nach den acht Trigrammen erstellt ist. Dieses ist weiter unterteilt, um 24 verschiedene Richtungen anzugeben: Der Kalender beschreibt den Energieeinfluß, der aus jedem Winkel kommt. Die untere Hälfte des Kalenders gibt wichtige Ratschläge für den richtigen Zeitpunkt von Beerdigungen und die Ausrichtung von Grabstätten nach der Energiebewegung in diesem Jahr.

Der hintere Kalender beginnt oben mit den Daten und Wochentagen. Darunter befindet sich der Name und der erwartete Zeitpunkt der bestimmten Energie, die an diesem Datum am günstigsten sein wird. Es folgen Ratschläge für Aktivitäten, die an diesem Tag vermieden werden sollten. Danach kommen eine Reihe von Schriftzeichen, die die Beziehungen zwischen Tag und Mondkalender, den Fünf Energien und den Sternen aufzeigen. Die letzten drei Zeilen geben weitere Ratschläge und beinhalten Aktivitäten, die für diesen Tag besonders empfohlen werden.

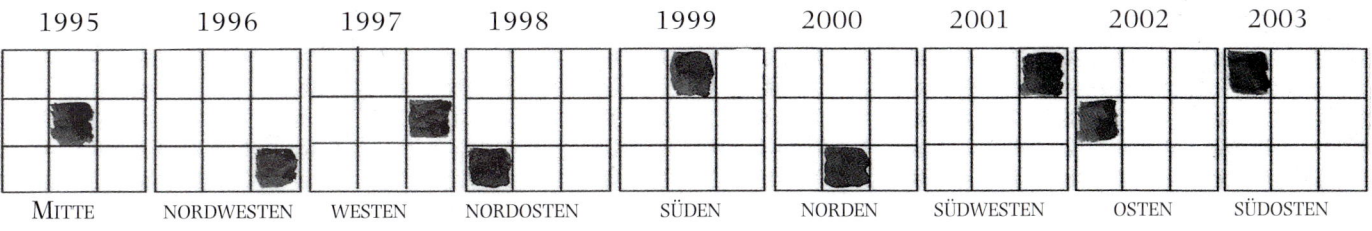

1995	1996	1997	1998	1999	2000	2001	2002	2003
MITTE	NORDWESTEN	WESTEN	NORDOSTEN	SÜDEN	NORDEN	SÜDWESTEN	OSTEN	SÜDOSTEN

Die Fünf Energien

Es gibt fünf grundlegende Energiebewegungen. Kräfte, die sich nach außen und nach innen bewegen, die auf- und absteigen und die rotieren. Das Studium dieser Bewegungen bildet die Grundlage für eines der berühmtesten Systeme aller chinesischen Weisheit, das mindestens bis auf das 3. Jahrhundert v. Chr. zurückgeht und wahrscheinlich noch viel früher entstanden ist. Es ist meist als »Die Theorie der Fünf Elemente« bekannt. Diese Theorie ist im Grunde genommen mehr ein Studium der Energiebewegung als eine Methode, um die »Elemente« zu katalogisieren. Sie ist eines der essentiellen Werkzeuge des Feng Shui-Praktikers, da genau sie sich auf die energetischen Qualitäten unserer Welt konzentriert.

Die Fünf Energiebewegungen sind allgemein durch die Namen der fünf Phänomene bekannt, die alle anderen energetischen Bewegungen derselben Art darstellen: Feuer, Erde, Metall, Wasser und Holz.

Mit diesen fünf Energien werden verschiedene Eigenschaften oder Schwingungen assoziiert, die wir täglich erfahren – Farben, Gerüche und Geschmäcke. Sie entsprechen Jahreszeiten, Nahrungsmitteln, Himmelsrichtungen und Zahlen. Das System wird auch in der traditionellen chinesischen Medizin im großen Rahmen für die Diagnose von Krankheitszuständen und Behandlungen mit Kräutern, Akupunktur und für andere Behandlungen eingesetzt. Jedes innere Organ und die zwölf Hauptmeridiane oder Energiebahnen des Körpers werden nach einer der Fünf Energien klassifiziert.

Alle diese Schwingungen wirken nach zyklischen Mustern aufeinander ein. Am deutlichsten ist das am Jahreszeitenwechsel zu erkennen. Die Energie dehnt sich im Frühling aus und läßt die nach oben gerichtete Kraft der Sommerenergie entstehen. Dann zieht sie sich im Herbst nach innen und sinkt im Winter ab. Der Zyklus beginnt wieder mit der Ausdehnung des Frühlings. Und so steigt er fortwährend auf, dehnt sich aus, zieht sich zusammen und sinkt ab, wobei eine Übergangsperiode stattfindet, wenn die Energierichtung von einer Phase zur anderen wechselt. Diese ständige Kraft der Veränderung ist die horizontal rotierende Energie der Erde.

	FEUER	ERDE	METALL	WASSER	HOLZ
JAHRESZEIT	Sommer	Übergang zw. Jahreszeiten	Herbst	Winter	Frühling
RICHTUNG	Süden	Mitte	Westen	Norden	Osten
ZAHLEN	9	2,5,8	6,7	1	3,4
FARBE	rot	gelb	weiß	blau/schwarz	grün
GESCHMACK	bitter	süß	scharf	salzig	sauer
GERUCH	verbrannt	duftend	verrottet	faulig	ranzig
ORGAN	Herz	Magen	Lunge	Nieren	Leber

*Die Energie des **Feuers** schießt nach oben. Dies ist das Energiemuster, wenn der Zyklus seinen Höhepunkt erreicht hat. Es ist der Sommer oder die leuchtende Vollmondphase. Wenn die Feuerenergie einmal ihr Maximum erreicht hat, beginnt sie, sich zu verringern*

*Das **Holz** symbolisiert die Energie, die sich in alle Richtungen ausdehnt. Diese Energie hat große Kraft und wächst nach außen wie ein Baum. Dies ist die Phase des Zyklus, in der etwas entsteht und zu wachsen beginnt. Sie ist der zunehmende Mond, die Kraft zu gebären, die Kraft des Frühlings.*

*Die Energie der **Erde** bewegt sich horizontal um ihre eigene Achse und beeinflußt die Wandlungsphase zwischen den Jahreszeiten. Diese Bewegung wird manchmal auch als Mittelpunkt der Fünf Energien dargestellt, und gelegentlich als die Phase zwischen der Aufwärtsbewegung des Feuers und der Bewegung des Metalls nach innen. Sie ist der Mond, bevor er abnimmt – groß, golden und voll.*

*Die Energie des **Wassers** sinkt nach unten. Dies ist die Phase im Zyklus, in der die Dinge den Punkt der größten Ruhe und Konzentration erreichen. Sie ist der Neumond, der dunkel ist und im Begriff, neues Leben zu geben. Es ist der Winter des Jahres.*

*Das **Metall**, das von allen Energieformen am dichtesten ist, entsteht durch die Energiebewegung nach innen. Es hat eine zusammenziehende, zähflüssige Eigenschaft. Es ist der abnehmende Mond, der Herbst des Jahres.*

Die Zyklen der Wandlung

Die fünf Energien gehen auf natürliche Weise ineinander über. Dies ist als Schöpfungszyklus bekannt. Jeder Energie geht eine andere voraus, die als Mutter bezeichnet wird. Daher ist jede der fünf Energierichtungen die Mutter der folgenden Bewegung und das Kind der vorhergehenden. Wenn Sie die Zyklen auf diesen Seiten untersuchen, ist es wichtig, sich zu merken, daß sie wie wissenschaftliche Formeln symbolische Darstellungen der Interaktion von Energie sind.

Im Schöpfungszyklus der Fünf Energien ist das Feuer die Mutter der Erde. Aus der Hitze des Hochsommers (Feuer) stammt die ruhige Milde des Spätsommers (Erde). Die aufwärtsgerichtete Kraft des Feuers ruft natürlicherweise den Sog der Erdgravitation hervor.

Die Erde ist die Mutter des Metalls. Aus der kraftvollen rotierenden Bewegung der Erde kondensiert die sich zusammenziehende Bewegung des Metalls.

Das Metall ist die Mutter des Wassers. Aus der vom Metall dargestellten zusammenziehenden Energie entwickelt sich die Abwärtsbewegung des Wassers. Das Absteigen der Wasserenergie erhält seinen Impuls aus der kondensierenden Wirkung des Metalls.

Das Wasser ist die Mutter des Holzes. Die nach unten gerichtete Kraft der Energie (Wasser) schafft den Impuls, der sich dann als die kreative, sich ausdehnende Kraft der Holzenergie ausdrückt.

Das Holz ist wiederum die Mutter des Feuers. Aus der expansiven, berstenden Kraft des Holzes explodiert schließlich die kraftvolle Aufwärtsbewegung des Feuers. Im Kontrollzyklus kontrollieren die Fünf Energien gegenseitig deren Intensität und Einfluß (siehe gegenüberliegende Seite).

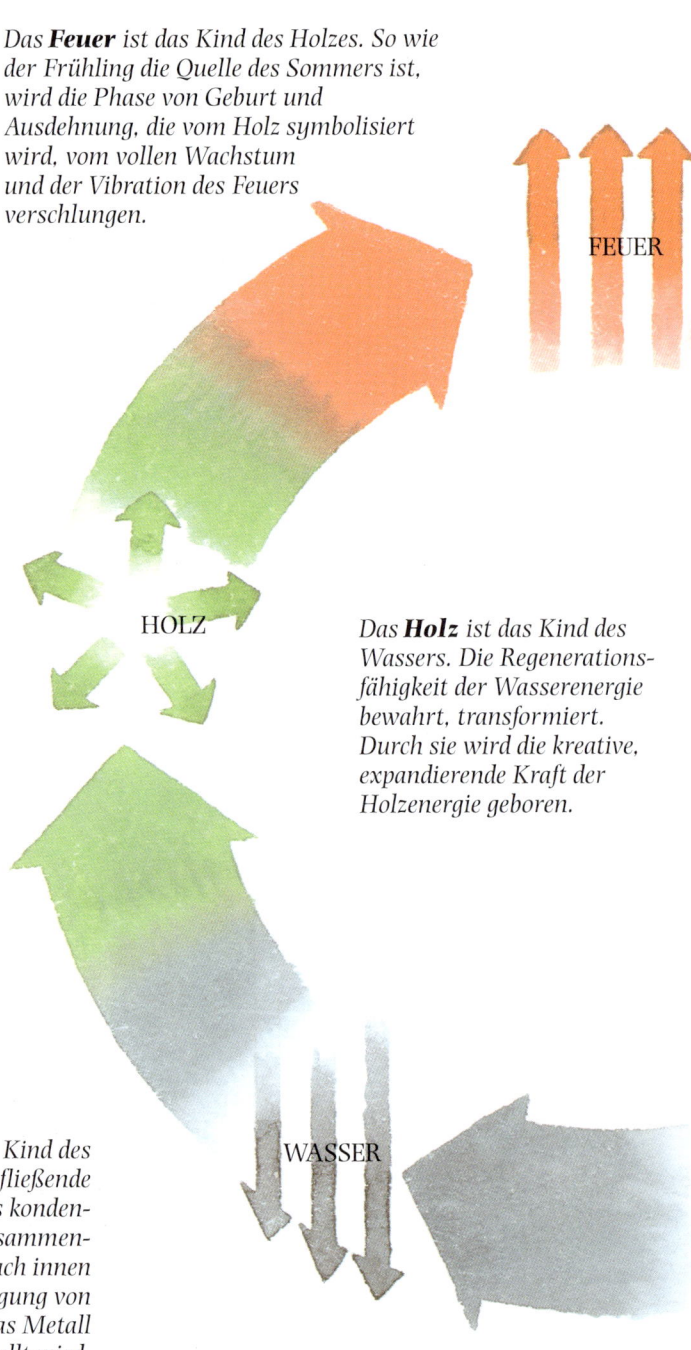

*Das **Feuer** ist das Kind des Holzes. So wie der Frühling die Quelle des Sommers ist, wird die Phase von Geburt und Ausdehnung, die vom Holz symbolisiert wird, vom vollen Wachstum und der Vibration des Feuers verschlungen.*

FEUER

HOLZ

*Das **Holz** ist das Kind des Wassers. Die Regenerationsfähigkeit der Wasserenergie bewahrt, transformiert. Durch sie wird die kreative, expandierende Kraft der Holzenergie geboren.*

*Das **Wasser** ist das Kind des Metalls. Die herabfließende Energie des Wassers kondensiert aus der zusammenziehenden und nach innen gerichteten Bewegung von Energie, die durch das Metall dargestellt wird.*

WASSER

DER KONTROLLZYKLUS

*Die **Erde** ist das Kind des Feuers. Wenn der Schöpfungszyklus der fünf Energien seinen Höhepunkt erreicht, lodert die Energie nach oben (Feuer). Wie bei allen rhythmischen wellenartigen Bewegungen wird aus dieser aufsteigenden Bewegung die Kraft zur Rückkehr geboren.*

ERDE

*Das **Metall** ist das Kind der Erde. Aus der nach außen gehenden Erdenergie heraus wird die zusammenziehende Bewegung des Metalls geboren. Wenn die Metallenergie schwach ist, kann es sein, daß sie nicht von ihrer Mutter, der Erde genährt wird.*

METALL

__Feuer__ kontrolliert das Metall. Die aufsteigende und wärmende Kraft der Feuerenergie hält die sich zusammenziehende und verschließende Bewegung der Metallenergie davon ab, sich zu komprimieren und zu festigen. Wenn das Feuer schwach ist, erstarrt das Metall. Wenn das Feuer zu kraftvoll ist, kann sich das Metall nicht nach innen konzentrieren und verliert die Form.

__Holz__ kontrolliert die Erde. Durch den Einfluß der sich ausdehnenden Wachstums-energie des Holzes wird verhindert, daß sich die Erdenergie zurückzieht oder bis zum Anhalten verlang-samt. Wenn das Holz schwach ist, wird die Erde träge. Wenn das Holz zu stark ist, stört es die Erde.

__Wasser__ kontrolliert das Feuer. Die Feuerenergie, die nach oben schießt, wird vom entgegengesetzten, nach unten gerichteten Sog der Wasser-energie ausgeglichen. Wenn die Wasserenergie schwach ist, lodert das Feuer. Wenn das Wasser zu stark ist, kann es das Feuer löschen.

__Erde__ kontrolliert das Wasser. Der absteigende und nach unten sinkende Sog der Wasserenergie wird vom zentripetalen Sog der rotierenden Erdenergie behindert. Wenn die Erde schwach ist, sinkt das Wasser tiefer. Wenn die Erde zu stark ist, behindert sie die natürliche Bewegung des Wassers.

__Metall__ kontrolliert das Holz. Die nach außen gehende Energie des Holzes wird von der entgegengesetzten, sich zusammenziehenden und nach innen gehenden Bewegung des Metalls ausgeglichen. Wenn das Metall schwach ist, kann das Holz zu stark einwirken. Wenn das Metall zu stark ist, kann es das Holz schädigen.

35

Die Welt der Form

Orte und Gebäude haben Farbe und Form. Beide Aspekte besitzen eine energetische Qualität. Wie wir sehen konnten, werden bestimmte Farben mit den Fünf Energien assoziiert. Selbst wenn wir uns mit diesem Bereich überhaupt nicht beschäftigt haben, wissen wir, daß wir natürlich und intuitiv auf Farben reagieren. Heute erklären wir unsere Reaktion auf Farbe oft, indem wir auf die vibrierende Energie des elektromagnetischen Spektrums verweisen. Die grundlegende Reaktion des menschlichen Organismus auf die Energie der verschiedenen Farben ist jedoch seit sehr langer Zeit bekannt und untersucht. Sie können sich leicht vorstellen, welchen Unterschied es macht, ob man in einer Küche kocht, die entweder schwarz oder in einem warmen Gelb gestrichen ist. Ihre Reaktion ist mehr als eine Frage der persönlichen Vorlieben, obwohl die Farbe, mit der sie sich in diesem Zusammenhang am wohlsten fühlen, dem Feng Shui-Fachmann viel über Sie sagen könnte!

Auch Formen haben eine bestimmte energetische Qualität, sie beeinflussen den Energiefluß in ihnen und um sie herum. So wie bei Farben reagieren wir unterschiedlich auf Ecken und Rundungen – und unsere Reaktionen verändern sich je nach Bedingungen und Umständen, unter denen wir eine gewisse Form erfahren. In der Theorie der Fünf Energien werden bestimmte Formen mit Feuer, Erde, Metall, Wasser und Holz assoziiert. Wenn es um das Streichen oder die Wahl von Baumaterialien geht, ist die Farbwahl wichtig, um die gesamte Energie der verschiedenen Energien sicherzustellen.

Runde Formen
Eine runde Struktur wie ein Wasserturm oder eine kuppelförmige Traglufthalle haben die energetische Qualität von Metall, dessen Energie nach innen gerichtet ist. Solche Strukturen wirken äußerst harmonisch, wenn sie die mit Metall assoziierte Farbe haben: weiß.

Eckige Formen
Eine eckige Form steht für die Erde. Dies ist eine verbreitete Form für viele Häuser, die entweder ein Flachdach oder ein Dach mit einer sanften Neigung haben. Die Form selbst drückt die unterstützende, sichere und stabile Qualität der Erde aus. Warme Gelb- und Brauntöne sind ideal.

Geschwungene horizontale Formen

Ein Gebäude, das eine geschwungene oder eingeschnittene Form hat, drückt den fließenden und sich ständig verändernden Aspekt der Wasserenergie aus. Solche Gebäude werden am besten aus dunklen Materialien gebaut oder in den Farben der Wasserenergie, dunkel, gestrichen.

Dreieckige Formen

Die inspirierende, anregende Aufwärtsbewegung der Feuerenergie läßt das Dreieck zur Form für Gebäude wie Tempel oder andere Wallfahrtsstätten werden. Die passendste Farbe für solche Strukturen ist Rot, wie beispielsweise die roten Backsteine, die bei bestimmten Kirchen häufig zu finden sind, und die leuchtendroten Malereien auf den Säulen vieler orientalischer Gebetsstätten.

Rechteckige Formen

Gebäude, die eine stark rechteckige Form haben, drücken Wachstum, Ausdehnung und Kraft aus. Dies ist die typische Holzenergie. Grüne Farbtöne sind hier am passendsten sowie grün gefärbtes Glas.

Die Fünf Tiere

Menschen streben auf einer physischen und psychischen Ebene immer nach Harmonie. Um unser Leben und die Umgebung in Harmonie zu bringen, sind Feng Shui-Praktiker auf verschiedene spezielle mentale Landkarten für die Interpretation der täglichen Ereignisse angewiesen. Diese dienen als Grundlagen, um selbst solche allgemeinen Dinge wie die Anordnung von Möbeln im Haus zu bestimmen.

Wie bei Yin und Yang, den acht Trigrammen und den Fünf Energien (siehe S. 16 – 29) können Feng Shui-Prinzipien fast wie eine Navigationskarte dargestellt und verwendet werden – mit einem grundlegenden Unterschied. Auf der Feng Shui-Karte bestimmt der Standort des Menschen jederzeit die Richtungen und Beziehungen der übrigen ihn umgebenden Welt.

Eine der meistverbreiteten Karten (siehe Teil 2) ist einfach als »Die Fünf Tiere« bekannt. Auf den ersten Blick scheint das ein Mythos zu sein, aber Sie können sie als Schablone verwenden, die Ihnen hilft, eine beträchtliche Anzahl von Phänomenen – von der physischen Form eines Gebäudes bis zu der Dynamik von Teamarbeit oder dem Wirken der dynamischen Kräfte der menschlichen Persönlichkeit – zu verstehen und zu beurteilen.

Der Anfangspunkt im Feng Shui ist die Richtung, in der Sprecher blickt. Auf der Schablone (siehe gegenüberliegende Seite) sitzt eine wache Schlange im Zentrum und blickt nach vorn. Ein Drache befindet sich zu ihrer Linken (die Chinesen bezeichnen ihre Linke als »Drachenseite«), ein Tiger zur Rechten, ein Phönix vorn und eine Schildkröte hinten.

Ursprünglich hatte jedes Tier bestimmte Attribute. Die Schildkröte befand sich in der jeweils nördlichen Position. Ihre Farbe ist schwarz, ihre Jahreszeit Winter, ihr Element Wasser. Der Drache war im Osten: Seine Farbe ist grün, seine Jahreszeit der Frühling, sein Element Holz. Der Phönix stand im Süden, der mit der Farbe Rot, mit Sommer und Feuer assoziiert wird. Die Attribute des Tigers waren der Westen, weiß, Herbst und Metall. Im Mittelpunkt befand sich die Schlange, gelbbraun, die Farbe der Erde, und die Achse, um die sich die Jahreszeiten bewegten.

Die Schildkröte
Mit ihrem enorm festen Panzer zeichnet sich die Schildkröte durch Stabilität aus. Sie vermittelt ein großes Sicherheitsgefühl. Ihre richtige Position ist hinten, wo sie wie ein Panzer Sicherheit und Langlebigkeit bietet und von der Furcht befreit, hinterrücks angegriffen zu werden.

Der Drache

Er ist ein Wesen, das in der natürlichen Welt unsichtbar ist. Wie der Phönix hat er Weitblick und besitzt eine spirituelle Qualität. Der Drache empfängt die von den Vögeln gesammelten Informationen, denkt darüber nach und trifft wichtige Entscheidungen. Obwohl er über der Erde aufsteigt, wird der Drache typischerweise auf den Wolken ruhend abgebildet, er steht für Stabilität, hat eine erstaunliche Kraft und symbolisiert den Weisheitsaspekt des Verstandes.

Der Phönix

Ein sagenhafter Vogel, der nie stirbt. Der Phönix fliegt weit nach vorn und sucht ständig die Landschaft und den Raum in der Ferne ab. Er steht für unsere Fähigkeit zu sehen, und über die Sinne sammelt er Informationen über unsere Umgebung und was darin entsteht. Der Phönix ist durch seine große Schönheit sehr aufregend und bewirkt eine unsterbliche Inspiration.

Die Schlange

Im Zentrum zusammengerollt, wach, solide und bereit, blitzartig zu reagieren, wird die Schlange von den vier äußeren Tieren geschützt, ist aber auch fähig, diese zu lenken. Wie der General einer Armee empfängt sie Informationen aus allen Richtungen und kann auf die speziellen Eigenschaften der Kräfte, die ihr gehorchen, zugreifen und rechtzeitig und weise reagieren.

Der Tiger

Er ruft körperliche Stärke und Gewalt hervor, kann sich verteidigen und auch angreifen. Das ist für das Überleben essentiell, muß aber sorgfältig kontrolliert werden. Er ist stets bereit, auf unserer rechten Seite nach vorn zu springen und jede vorhandene Bedrohung zu entdecken. Er steht aber auch für die Gefahr der unserer Natur innewohnenden Gewalt.

Die Felder und Kräfte

Das Universum ist ein riesiges Energiefeld. Das Studium des Feng Shui ist das Studium dieser Energie.

Der gesamte Kosmos ist ein schimmerndes Netz von ständiger Kommunikation. Schwingungen durchlaufen dieses Energienetz in unfaßbarer Geschwindigkeit. Entfernte Beben lösen Entsprechungen in Körpern und Ereignissen aus, die anscheinend durch Lichtjahre voneinander entfernt sind. Obwohl unsere Sinne eine Welt von getrennten Formen wahrzunehmen scheinen, ist alles, was wir wahrnehmen, ein Spektrum der Vitalität.

Unter den Wissenschaftlern des späten 20. Jahrhunderts ist es recht verbreitet, vom Kosmos als einem energetischen Spektrum zu sprechen. Dies war jedoch schon vor Anfang dieses Jahrtausends in der chinesischen Wissenschaft eine grundlegende Aussage.

»Alles – jede Materie und Form – ist Energie. Sie ist Yin und Yang, die Bewegung von Sonne, Mond und Sternen, alles, was entsteht und sich auflöst. Sie ist Wolke, Dunst, Nebel und Feuchtigkeit. Das Herz aller lebenden Wesen, allen Wachstums und jeglicher Entwicklung ist die Energie«, schrieb der chinesische Philosoph und Naturforscher Lu Yen, den man oft liebevoll als den Alten Yu bezeichnet.

Chih

Chung

Der ursprüngliche chinesische Satz, der unsere Beziehung zum restlichen Universum ausdrückt, war Chih Chung (links). Er wird oft mit Magnetismus übersetzt. Die Erforschung von Anziehungen aller Art führte dazu, daß frühe chinesische Wissenschaftler im Späteren Han-Reich vor etwa 2 000 Jahren bestimmte magnetische Polaritäten identifizierten. Ihre Arbeit wurde als »der größte chinesische Beitrag zur Physik« bezeichnet. Zur Zeit T'angs (618 – 906 n. Chr.) wurde ein Kompaß benutzt. Der Zweck, für den er ursprünglich verwendet wurde, ging weit über die begrenzte Bedeutung des Magnetismus in der modernen Wissenschaft hinaus.

Durch ähnliche, sorgfältige Beobachtungen, die die Grundlage der chinesischen Medizin bildeten, wurde es klar, daß der menschliche Körper ebenfalls magnetische Eigenschaften hatte (wie heutige Wissenschaftler das durch das Vorhandensein von Eisen im Blut belegt haben). Unsere Körper sind Teil des Magnetfeldes und werden von ihm beeinflußt, und jeder von uns hat ein energetisches Feld, das sich über die sichtbaren Begrenzungen des Körpers (siehe unten) ausdehnt.

In jedem Augenblick wird der energetische Eindruck eines jeden Menschen von der Konfiguration des Kraftfeldes des Universums bestimmt. Dieses Verständnis bildet ein Herzstück des Feng Shui. Echtes Feng Shui besteht nicht aus einer Reihe fester Regeln, wann etwas gemacht oder wo etwas hingestellt werden muß. Statt dessen beruht es auf einem tiefen Verständnis der Energiemuster im Universum und deren Interaktionen mit jedem Individuum. Um einen Menschen zu beraten, muß ein Feng Shui-Praktiker die Geburtszeit einer Person berücksichtigen, den Einfluß naher und ferner Galaxien (rechts) und die himmlischen Rhythmen, von denen wir alle umfaßt werden.

Wie sich die Energie bewegt

Energie bewegt sich. Das ist die Natur, die ihr innewohnt. Ob der Feng Shui-Praktiker die Kräfte von Yin und Yang, die Modulationen des I Ging, die Zyklen der Fünf Energien oder das Verhalten der Energie bei Ihnen zu Hause beobachtet – alles ist in Bewegung. Normalerweise nehmen unsere Sinne die offensichtlichsten Formen von Bewegung wahr – den Straßenverkehr oder den kühlen Windhauch, der über die Haut streicht. Wir sind uns der subtilen Energiebewegungen weniger bewußt, die unsichtbar in einem offenen Zimmer verlaufen, oder spüren weniger die Schwingung der Energiemuster in den Wänden und der Einrichtung.

Subtile Energiebewegungen entfalten sich ständig. Wir tauchen darin ein und erfahren diese, ob wir nun wach sind oder schlafen. Wir fühlen uns unwohl, ruhelos oder ungeduldig, wenn wir in einer Ecke eines Raumes sitzen. Wir wechseln den Platz, um in einer anderen Ecke zu sitzen, die wir irgendwie als angenehmer oder ruhiger empfinden. Wir besuchen jemanden, vielleicht eine Party, und instinktiv vermeiden wir es, an einer offenen Tür zu stehen, und suchen einen anderen Platz im Raum. Im Alltagsleben geschieht das immer wieder, da wir uns der Energien in unserer Umgebung bewußt sind.

Unsichtbare Muster

Unsere Erfahrungen mit Energiebewegungen sind unterschiedlich. Nehmen wir an, wir befinden uns in einem warmen Raum, und draußen ist es kalt. Wir öffnen auf einer Seite des Raums ein Fenster und auf der anderen Seite die Tür. Die kalte Luft zieht direkt durch. Wir können sie sprichwörtlich spüren und atmen. Aber wir können sie nicht sehen. Sie ist ein unsichtbares Muster, das unseren Raum durchwebt.

Es könnte irreführend sein zu denken, daß alle energetischen Muster so einfach sind wie ein Wind, der durchzieht. Wenn wir bei der Analogie mit dem Wind zu weit gehen und meinen, daß in der Luft nichts geschieht, dann könnten wir annehmen, daß es keine Energiebewegungen gibt. Die Zeichnungen auf diesen Seiten zeigen jedoch, daß es Energieströme gibt, die immer in Bewegung sind.

Meistens neigt die Energie von Natur aus dazu, in Wellen zu zirkulieren, manchmal durchströmt sie den Raum in einer einzigen Welle, manchmal wirbelt sie kraftvoller durch den Raum.

Zirkulierende Energie
Wenn die Energie in diesen Raum (rechts) eindringt, füllt sie die gesamte Tür aus. Sie bewegt sich durch das Zimmer und zieht träge einen Kreis, bevor sie sich weiterbewegt. Eine Person, die in der Linie der eindringenden Energie sitzt, fühlt sich wahrscheinlich etwas gestört und nicht ganz wohl. Andererseits wird eine Person, die auf dem Bild in der vorderen Ecke sitzt, spüren, daß der Bereich irgendwie ohne Leben ist, da hier der Energiestrom vorbeizieht.

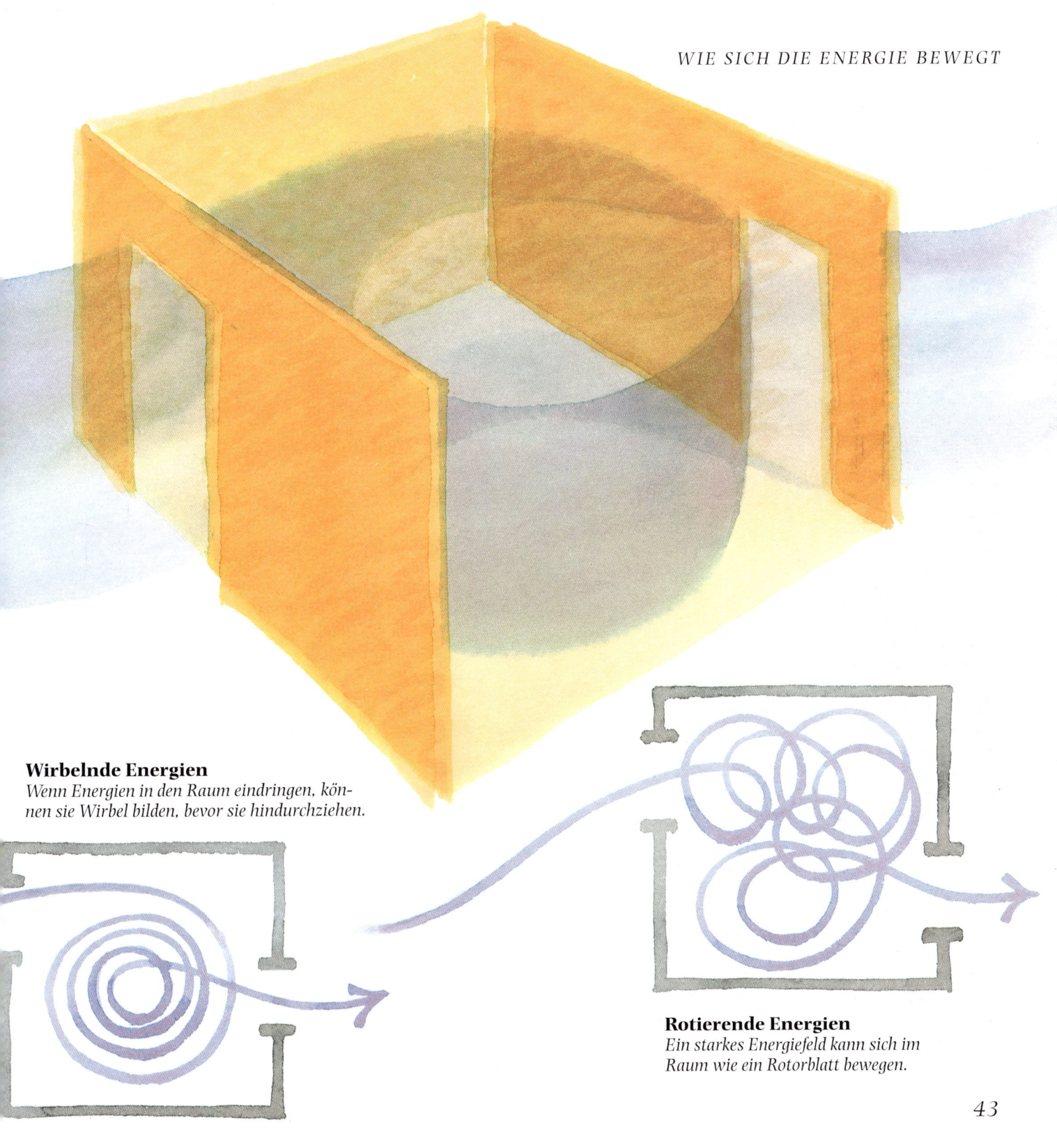

Wirbelnde Energien

Wenn Energien in den Raum eindringen, können sie Wirbel bilden, bevor sie hindurchziehen.

Rotierende Energien

Ein starkes Energiefeld kann sich im Raum wie ein Rotorblatt bewegen.

43

Eingänge und Ausgänge

Eine Tür befindet sich gegenüber dem Fenster

Wenn sich eine Tür direkt gegenüber dem Fenster befindet (links), geht Energie, die in den Raum eindringt, normalerweise direkt hindurch und fließt auf der anderen Seite wieder hinaus. Jeder, der in dieser Linie sitzt, fühlt sich wahrscheinlich ständig gestört. Jeder, der in den Bereichen außerhalb von Tür oder Fenster sitzt, wird eine Schwerfälligkeit oder Leere um sich herum verspüren. Wenn Fenster und Tür zugleich geöffnet sind, ist der Energiefluß vermutlich sehr stark. Wenn das Fenster geschlossen, aber nicht blockiert ist, wird einige Energie wie Licht weiter durch das Glas hindurchgehen. Wenn die Tür geschlossen ist, das Fenster verriegelt oder die Vorhänge vorgezogen sind, ist der Energiefluß sicherlich blockiert.

Ein Eingang und Ausgang

In diesem Raum (rechts), der kein Fenster und nur eine Tür hat, gibt es für den Energiestrom nur einen Eingangs- und Ausgangspunkt. Die Energie kehrt zu dem ursprünglichen Eingangspunkt zurück und erzeugt eine ständige Verwirrung und einen Wettbewerb zwischen den energetischen Kräften in der Nähe der Tür.

44

Tür und Fenster diagonal
Hier (links) erlaubt die Position von Tür und Fenster einen ruhigen Energiefluß, jedoch nur in einem Teil des Raums. In einer charakteristischen Wellenbewegung dringt die Energie entweder durch die Tür oder das Fenster in den Raum ein und bewegt sich auf der Suche nach einem Weg nach draußen an den Wänden entlang. Eine Person, die sich in der Mitte dieser sanften Flußbahnen befindet, wird sich aufgrund der sanften Zirkulation leicht erfrischt fühlen, eine Person, die sich auf der anderen Seite des Zimmers befindet, könnte jedoch einen Mangel an Vitalität empfinden, da der Energiefluß an ihr vorüberzieht.

Drei Eingangs- oder Ausgangspunkte
Die Energie, die in diesen Raum rechts eindringt, hat drei Eingangs- oder Ausgangspunkte, ob es nun Türen oder Fenster sind. Diese wirken zusammen auf den Energiefluß ein, der durch den Haupteingangspunkt eindringt. Ein Teil zirkuliert und entweicht durch den am nächsten gelegenen Ausgang. Ein anderer Teil durchfließt den Raum kreisförmig und verläßt ihn durch den Eingang, der sich am weitesten von der Tür entfernt befindet. Der günstigste Platz in diesem Zimmer ist eine Ecke, die für den Hauptbereich, in dem man sitzt, ideal ist, obwohl der Energiefluß in den meisten Bereichen des Raumes bereits harmonisch ist.

Der Energiefluß im Schlafzimmer

Ihr Schlafzimmer ist ein Energiefeld. Selbst Gegenstände, die stillzustehen scheinen, sind in Bewegung. Daher setzt sich Ihr Schlafzimmer wie jeder Ort auf diesem Planeten aus inneren Schwingungen zusammen, die aus der kondensierten Energie von Materie und energetischen Wellenbewegungen aufgebaut sind. Diese beiden energetischen Kräfte beeinflussen sich gegenseitig und beeinträchtigen jeden, der sich im Raum aufhält.

Stellen sie sich vor, daß Ihr Schlafzimmer wie ein Fluß ist. Wände, Decke, Boden und Möbel sind die lebendigen Ufer. Der Raum ist das Wasser, das das Flußbett füllt. Die Strömung ist die energetische Kraft, die den Fluß durchläuft und mit der lebendigen Energie der Flußufer in Wechselwirkung tritt. Wenn Sie beispielsweise wie im Bild unten Ihr Bett unterhalb eines hervorstehenden Deckenbalkens aufstellen, wird die Energie des Balkens das Muster der unsichtbaren Energie beeinflussen, die sich ständig im Raum bewegt. Während Sie schlafen, entsteht so ein unsichtbarer, nach unten gerichteter Druck auf Ihren Körper. Der Druck auf Ihre Brust wird Ihren Atem behindern, der eine der grundlegenden »Windbewegungen« Ihres Körpers ist.

Eine Reihe von Balken

Manche Häuser haben eine Reihe von Balken an der Schlafzimmerdecke (rechts). So entsteht aus den absteigenden Energiemustern eine vielfache Wellenbewegung, die die »stillen Winde« des Raumes beträchtlich stören kann. Der nach unten gerichtete Druck eines jeden Balkens ist wie eine Reihe von Hammerschlägen. Wenn sich Ihr Bett darunter befindet, hagelt es ständig auf Sie herab, ein Schlag nach dem anderen. Eine flache Decke ist definitiv vorzuziehen, deshalb sollten Sie sich überlegen, ob Sie besser woanders schlafen.

Deckenbalken

Nacht für Nacht bewirkt der Deckenbalken (links), daß Ihr Atem ständig gestört wird, wenn Sie darunterliegen. Dieser subtile Einfluß hat eine anhaltende Wirkung auf Ihren Atem und stört daher Ihren ruhenden Geist. Langfristig wird sich das nachteilig auf Ihre Gesundheit auswirken. Versuchen Sie, Ihr Bett so umzustellen, daß es sich nicht unter dem Deckenbalken befindet.

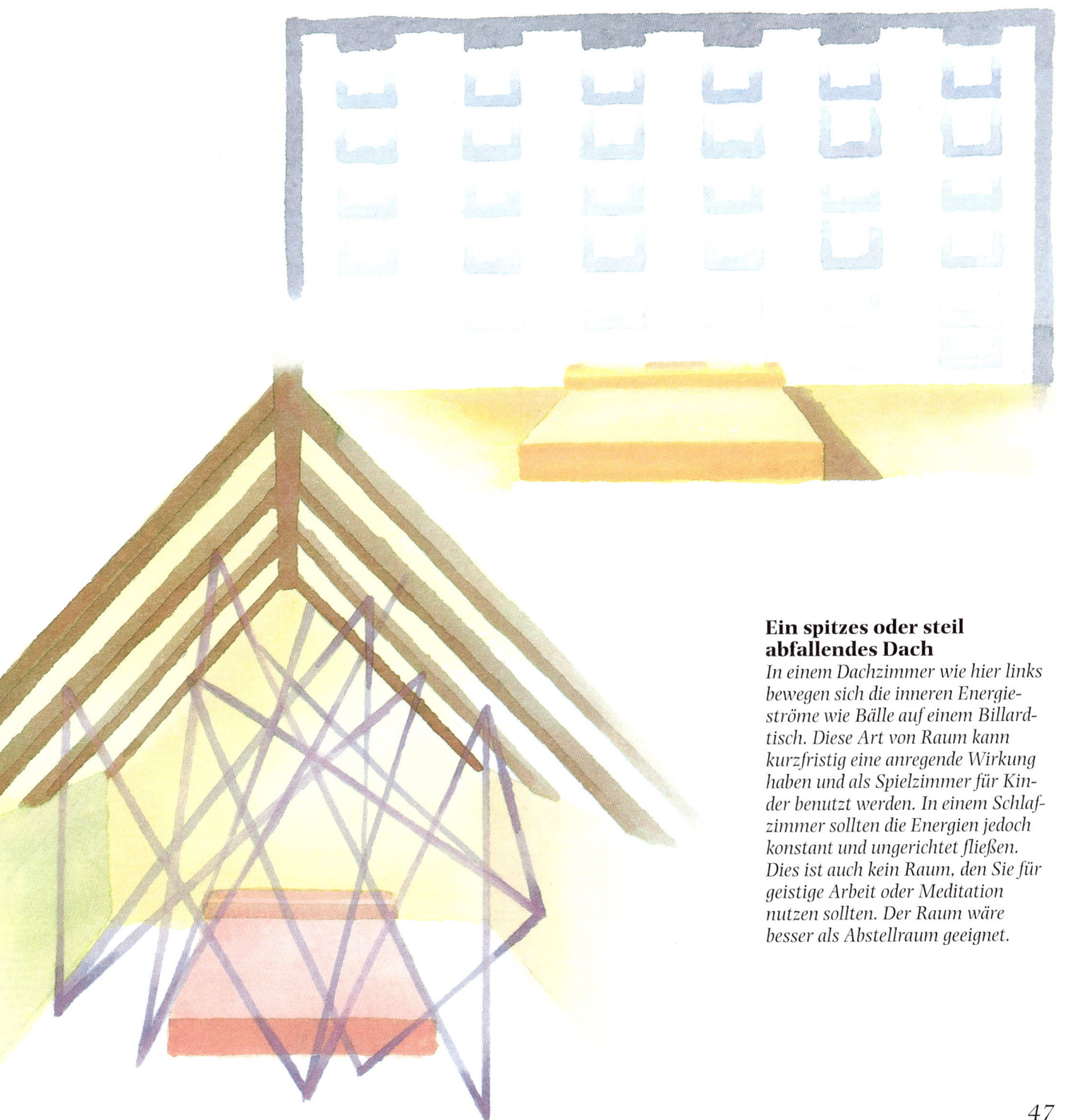

Ein spitzes oder steil abfallendes Dach

In einem Dachzimmer wie hier links bewegen sich die inneren Energieströme wie Bälle auf einem Billardtisch. Diese Art von Raum kann kurzfristig eine anregende Wirkung haben und als Spielzimmer für Kinder benutzt werden. In einem Schlafzimmer sollten die Energien jedoch konstant und ungerichtet fließen. Dies ist auch kein Raum, den Sie für geistige Arbeit oder Meditation nutzen sollten. Der Raum wäre besser als Abstellraum geeignet.

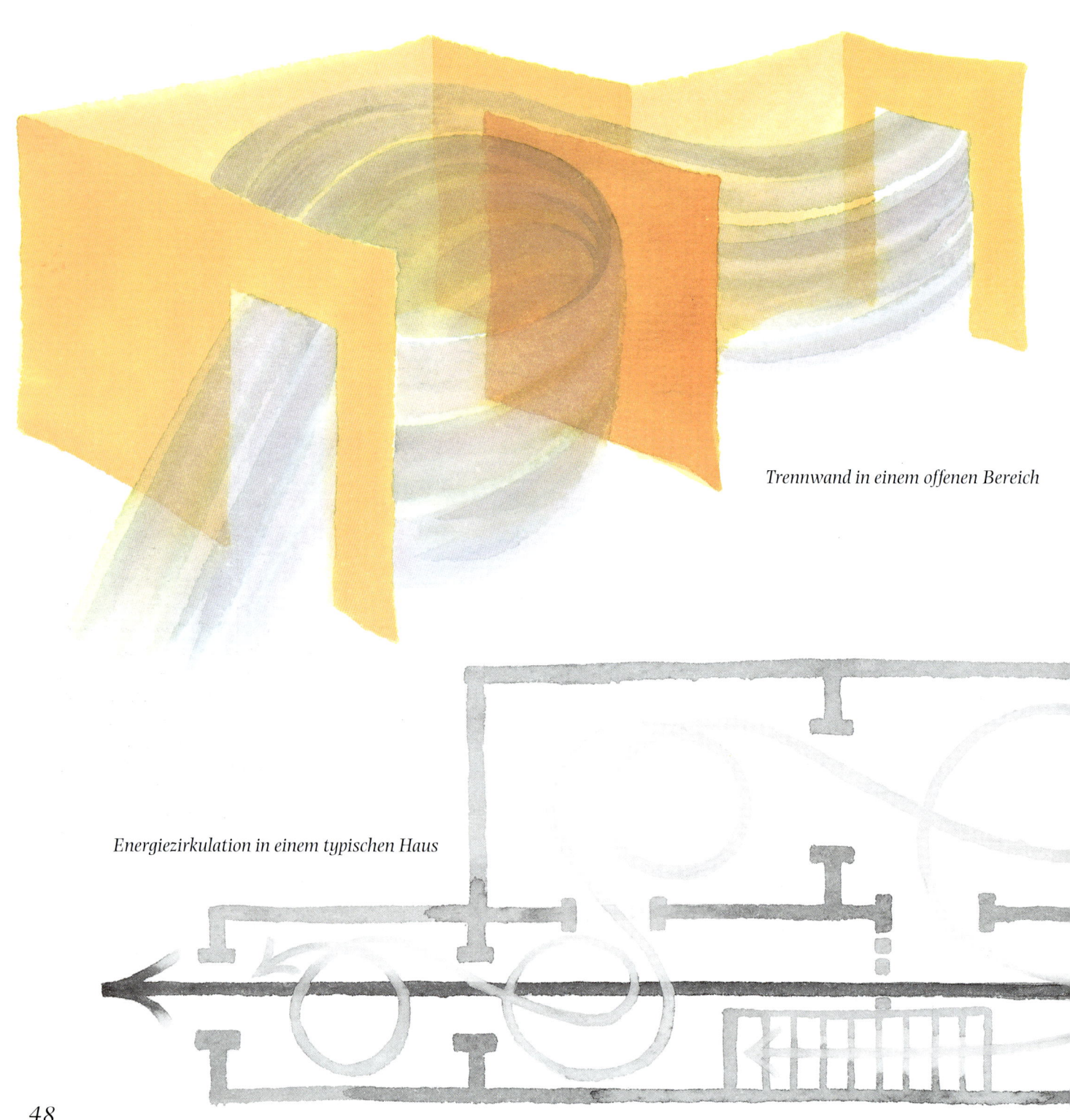

Trennwand in einem offenen Bereich

Energiezirkulation in einem typischen Haus

48

Der fließende Strom

Auf alten chinesischen Malereien sieht man oft Weise, die an Bergbächen oder Flußufern sitzen. An solchen Orten kann man viel über alle Formen von Energiebewegung lernen.

Die obere Zeichnung auf der gegenüberliegenden Seite zeigt beispielsweise, was geschieht, wenn in einem offenen Bereich eine Trennwand aufgebaut ist. In diesem Fall ist die Energie ursprünglich durch die Haupteingangstür hereingekommen, durch den Raum gerast und durch die Hintertür entwichen. An den übrigen Bereichen ist sie vorbeigezogen, wodurch der Bereich in Richtung Vordertür regelrecht stagnierte. Als die Trennwand eingefügt wurde, die wie eine kleine Stromschnelle wirkt, hat sich der Energiefluß verändert. Jetzt nimmt ein ganzer Kreis den gesamten vorderen Bereich des Raums ein. Die Trennwand hat auch die Energie verlangsamt, so daß sie überall viel sanfter fließt.

Was geschieht mit der Energie, wenn sie versucht, sich durch komplex angeordnete Räume hindurchzubewegen? Der Grundriß (links unten) zeigt das Erdgeschoß eines typischen Hauses, bei dem die Treppe zum ersten Stock hinaufführt. Ursprünglich befand sich zwischen Vordertür und Hintertür ein freier Durchgang. Die Energie, die vorn hereinkam, ging direkt hinten hinaus, wie vom Pfeil angezeigt. Dadurch konnten die beiden Haupträume im Erdgeschoß überhaupt nicht von der Energie profitieren. Außerdem entstand ein kraftvoller Strom, der durch den hinteren Raum pulsierte. Wenn dies wie bei vielen Häusern die Küche wäre, so würde jeder, der hier einige Stunden lang arbeitete, nervös und verwirrt werden, so als ob er in einem immerwährenden Durchzug stünde.

Neues Zirkulieren

Zur Lösung dieser Probleme wurde eine Trennwand gebaut, um den offenen Flur genau neben der Tür zum großen Zimmer im vorderen Teil des Hauses abzuschließen. Auf dem Grundriß wird das durch eine Pünktchenlinie dargestellt, die über den Gang verläuft. Jetzt wird die Energie in den vorderen Raum umgelenkt und geht durch den anschließenden Raum hinaus. Sie zirkuliert dann wieder dort, bis sie in den Gang hinter den Treppen hinausgeht. Die Energie bildet eine weitere Spirale, bevor sie in den hinteren Raum eindringt, eine weitere träge Schleife zieht und dann zur Hintertür hinausgeht. Etwas von der ursprünglichen Energie gelangt nach oben, aber der Hauptenergiefluß bleibt im Erdgeschoß.

Ein sanfter Strom

Anhand dieses Beispiels können wir den Unterschied sehen, den die Anwendung von Feng Shui-Prinzipien in einem Haus bewirkt. Was ursprünglich als vollkommen normales Architekturdesign erschien, hat in einer Wohnung zwei Hauptprobleme geschaffen. Ein starker Energiefluß hat den hinteren Raum ständig gestört und ist an den Hauptwohnbereichen vollständig vorbeigezogen.

Dies ist ein Beispiel, wie enorm eine kleine Veränderung wirkt, die an einem kritischen Punkt vorgenommen wird. Die Abtrennung, die im offenen Gang aufgestellt wurde, bietet verschiedene Nutzungsmöglichkeiten. In der Eingangshalle könnte daran eine Dekoration, ein Spiegel oder eine Garderobe angebracht werden. Die Rückseite wäre praktisch als Regalwand, Schrank oder Abstellfläche zu verwenden. Die wichtigste Wirkung besteht jedoch darin, den ursprünglichen Energiefluß zu verändern.

Durch diese einzige Umgestaltung kann im gesamten Erdgeschoß ein sanfter Energiestrom fließen, der sich in natürlichen Kreisen durch alle Wohnbereiche zieht, sanft den gesamten Raum auffüllt und dann ruhig abfließt.

Inneneinrichtung

Ein junges Ehepaar, das arbeitet und ein Kind hat, kauft ein kleines Haus, das günstig gelegen ist, denn es befindet sich in Reichweite der Arbeitsplätze beider Ehepartner. Im Erdgeschoß ist ein großes Wohnzimmer, das nach hinten zu einem Garten geht und zusätzlich als Eßzimmer benutzt werden kann. Es gibt zwei Schlafzimmer, eins für die Eltern und ein kleineres für das Kind. Rechts von der Eingangstür befindet sich das Bad. Hinten in der Nähe der Glastüren, die zum Garten führen, ist eine kleine Küche. Wenn man hereinkommt, führt links von der Eingangstür die Treppe zum oberen Stock.

Bald nachdem das Paar eingezogen ist, erhält die Frau eine wichtige Beförderung bei der Arbeit, die sie seit einiger Zeit angestrebt hat. Ein Jahr später freut sie sich, als der Arzt ihr sagt, daß sie ein zweites Kind erwartet. Für die Familienfinanzen war es ebenfalls ein gutes Jahr. Die Familie wächst jedoch, und so entscheiden sie, daß sie ein größeres Haus brauchen, und bieten ihr Eigentum zu Verkauf an.

Das Haus ist attraktiv und wird von einem zweiten Ehepaar gekauft, das auch ein kleines Kind hat. Diese Menschen haben eine ganz andere Vorstellung davon, wie ihr Haus aussehen soll. Sie tapezieren und kaufen neue Möbel. Eineinhalb Jahre nach dem Einzug verletzt sich der Mann bei der Arbeit und wird entlassen. Geld wird zu Hause ein ständiges Streitthema. Das Ganze verschlimmert sich, da auch im Haus einiges schiefgeht, zuerst gibt es Probleme mit den Stromleitungen und später mit den Rohren. Alle diese Unglücke geschehen nach und nach, und es scheint keinerlei Verbindung zwischen ihnen zu bestehen.

Wenn das zweite Paar einen Feng Shui-Experten geholt hätte, wären die unterschiedlichen Schicksale der beiden Familien für ihn sehr interessiert gewesen. Seine möglichen Schlüsse: Die ursprünglich im Bereich des Hauses konzentrierte Energie war positiv, jedoch hatte sich die energetische Konfiguration über die Zeit hinweg verändert.

Oder er hätte daraus geschlossen, daß die Energie konstant geblieben ist und daß das zweite Ehepaar nicht damit in Harmonie war. Bei einer Untersuchung des Hauses wäre er sehr interessiert daran gewesen, wie es das zweite Paar neu gestaltet und die Möbel gestellt hatte.

Wie die Paare den Raum genutzt haben

Die beiden Zeichnungen auf der gegenüberliegenden Seite zeigen, wie beide Familien den Raum im selben Haus genutzt haben. Alle Veränderungen, die die zweite Familie eingeleitet hatte, haben in den Augen des Feng Shui-Fachmanns ein Problem verursacht. Das erste Paar hatte ein großes Bücherregal bis zur Decke, das den Sitzbereich dekorativ vom Eingang abtrennte. Das Sofa hatte sie an die Wand gegenüber vom Fernseher gestellt. Das zweite Paar schaute gern direkt in den Garten und stellte ihr neues Sofa und die Stühle in die Mitte des offenen Raumes mit dem Rücken zur Eingangstür. Das bedeutete, daß ihr Hauptbereich, wo sie saßen, einer direkten Strömung ausgesetzt war, die von der Eingangstür zum Garten verlief, und daß sie sich hier genau in die Mitte gesetzt hatten, ohne ihren Rücken zu schützen.

Dem zweiten Paar gefiel der offene Raum, den es geschaffen hatte. Es ließ die Küchentür ständig offen und die Tür des Badezimmers, außer wenn es benutzt wurde, angelehnt. Das bedeutete, daß der zentrale Bereich des Hauses ständig den Gerüchen und Energien ausgesetzt war, vor denen es zuvor geschützt war, denn das erste Paar hatte diese Türen geschlossen gehalten.

Es gibt zwei weitere Unterschiede. Das zweite Paar stellte in beiden Schlafzimmern die Betten gegenüber der Tür auf, so daß es und das Kind auch in den Hauptbereich sehen konnten. Dadurch wurden auch beide Betten den direkten Energieströmen ausgesetzt, die durch die Tür gelangten; und insbesondere das Kind war der Strömung ausgesetzt, die von der Tür direkt zum Fenster über den Kopfteil des Bettes verlief. Im Schlafzimmer, das das zweite Paar eingerichtet hatte, befindet sich der Spiegel auf dem Frisiertisch und der Wandspiegel im Kinderzimmer jeweils gegenüber dem Bett. Die Spiegel waren nicht auf die Betten ausgerichtet, als die erste Familie hier wohnte.

Alle diese Unterschiede konnten die Harmonie des Zuhauses, das Leben seiner Bewohner und die energetischen Kräfte um das Haus herum beeinträchtigen. Wenn der Feng Shui-Fachmann das zweite Ehepaar im Haus angetroffen hätte, hätte er sofort festgestellt, daß ihre neuen

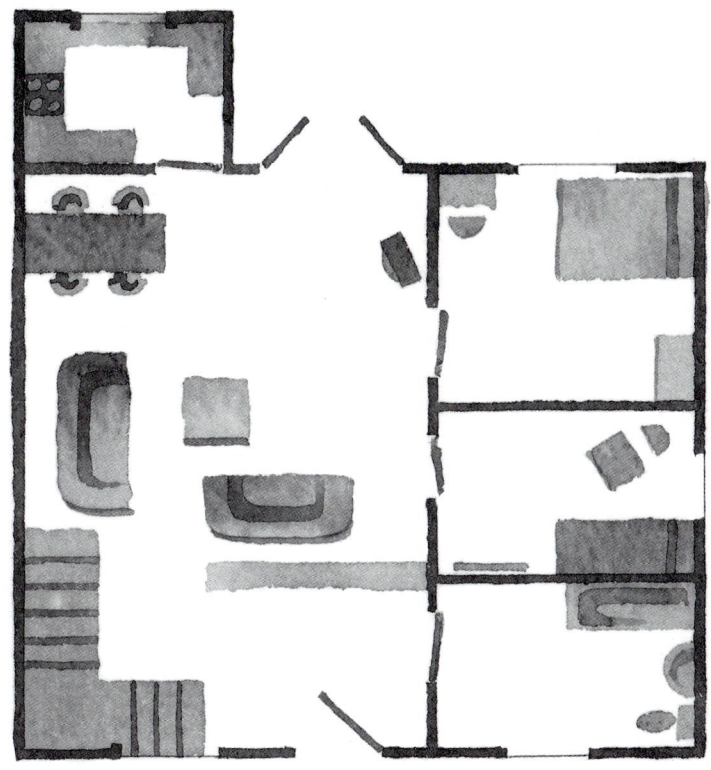

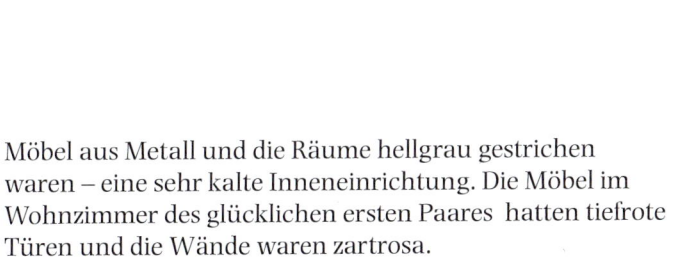

ERSTES PAAR

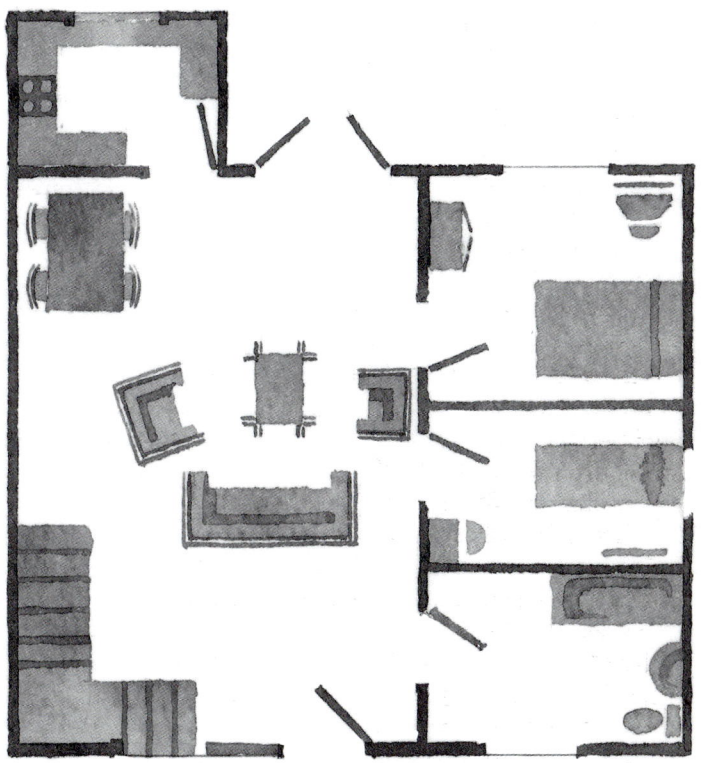

ZWEITES PAAR

Möbel aus Metall und die Räume hellgrau gestrichen
waren – eine sehr kalte Inneneinrichtung. Die Möbel im
Wohnzimmer des glücklichen ersten Paares hatten tiefrote
Türen und die Wände waren zartrosa.

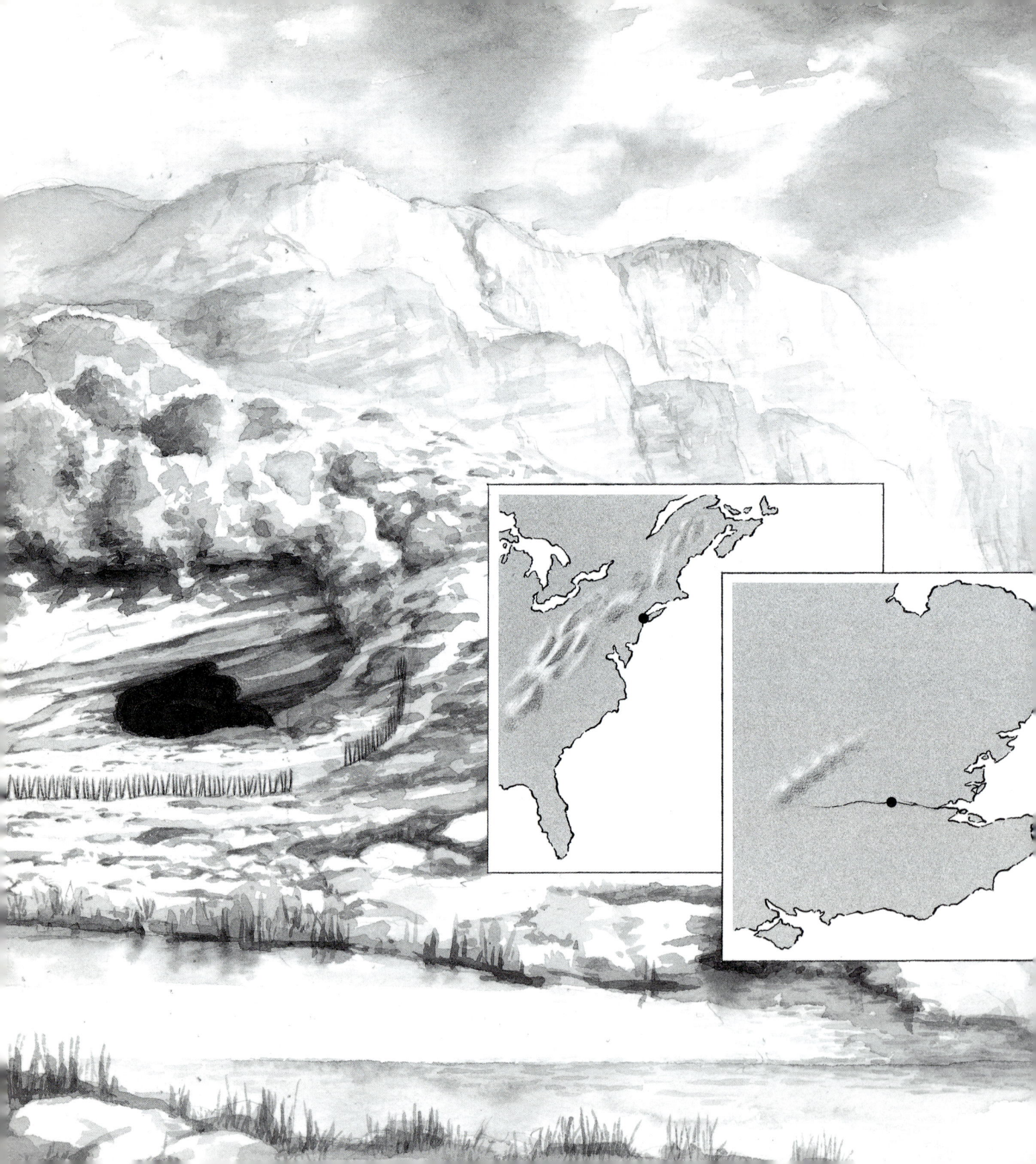

Höhlen und Städte

Die Orte, an denen wir unser Leben verbringen, sind Teil unserer Existenz. Wo immer wir uns befinden – es ist ein Teil von dem, der bestimmt, wer wir sind. Unsere Standorte haben einen tiefgreifenden Einfluß auf uns. Wir transformieren diese wiederum. Jedesmal, wenn wir ein Haus finden, in ein neues Büro ziehen oder in einem vollen Zimmer einen Sitzplatz suchen, treffen wir eine Entscheidung und müssen mit deren Konsequenzen leben. Unser Standort hat einen Einfluß darauf, was uns in jedem Augenblick geschieht, so wie die Wahrscheinlichkeit, vom Blitz getroffen zu werden, größer ist, wenn wir bei einem Gewitter unter einem Baum stehen.

Schutz hinten, Wasser vorn
Von den Höhlen in den Bergen bis zu großen Handelsstädten hat die Menschheit Standorte gewählt, bei denen die Rückseite geschützt ist und sich vorn ein Zugang zum Wasser befindet. Hongkong liegt zwischen dem südchinesischen Meer und dem Mittelgebirge von China, New York zwischen den Appalachen und dem Atlantik, London zwischen den Chilterns und der Themse. Alle diese Städte sind große zeitgenössische Zentren für Kommunikation und Finanzen.

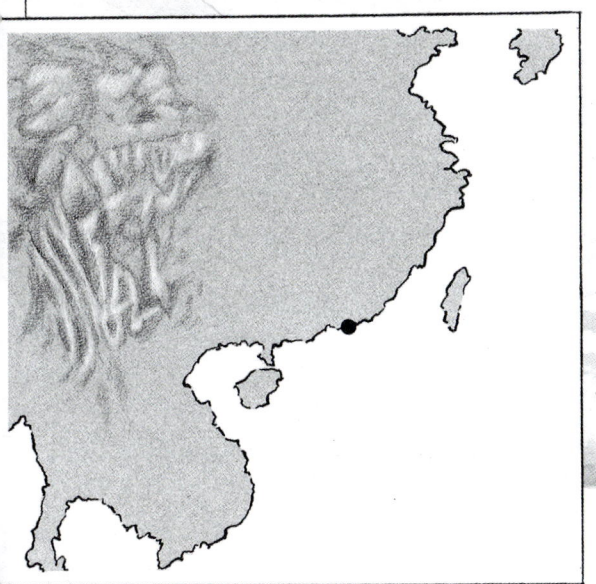

Wie Sie aus der Geschichte des Feng Shui ersehen können (S. 58 – 61), haben unsere Vorfahren mit unterschiedlichen Formen von Unterkünften und Lebensbereichen auf diesem Planeten experimentiert. Die Prinzipien von Feng Shui beruhen auf diesen Erfahrungen.

Von dem, was wir über die frühesten menschlichen Behausungen wissen, haben sich viele Erfahrungen der Höhlenbewohner noch bis heute erhalten. Das Leben und Schlafen im Freien ist gefährlich und bietet keinen Schutz gegen die Elemente. Das Zelten unter Bäumen oder das Leben in einem Loch im Boden bietet wenig Schutz und kann bei Sturm fatal sein. Eine Höhle bietet mehr Schutz und wirkt wie eine Schale oder ein Rückgrat, die beziehungsweise das einen Zugang von hinten verhindert. Wir bleiben auf der Vorderseite verwundbar, können aber vor unserem Wohnbereich eine Barriere errichten. Es wäre auch wichtig, einen sicheren freien Platz für gemeinschaftliche Aktivitäten zu haben, und wir benötigen einen Zugang zu Trinkwasser, wenn wir überleben wollen. Entweder müssen wir in der Nähe eines Bachs oder Flusses leben, oder die Gegend muß dafür geeignet sein, um Brunnen zu graben. Das Leben in der Nähe eines Flusses hat einen weiteren Vorteil: er wirkt als zusätzliche Verteidigungslinie, so wie mittelalterliche Burggraben zum Schutz der Burgen dienten.

Wir können das Konzept von »Wind« und »Wasser« erkennen, das sich aus dieser Beschreibung der grundlegenden Anforderungen eines guten Platzes entwickelte. Das Wasser befindet sich vorn. Wo aber ist der Wind? Er bewegt die Luft zwischen dem Wasser und dem Höhleneingang. Die Bewegung des Flusses frischt die Luft auf, und der Wind streicht rein und kraftvoll über die Hügel und Berghänge.

Heute leben natürlich sehr wenige Menschen in Höhlen oder am Flußufer. Die grundlegende Erfahrung der Menschen, die versuchen, gute Plätze für menschliche Wohnstätten zu finden, bleibt jedoch in unserem kollektiven Gedächtnis. Sie hat den Standort von Städten und die Wohnorte unserer Vorfahren beeinflußt. Diese Erfahrung wird bis heute von Feng Shui-Praktizierenden verwendet, wenn sie Menschen bezüglich des Hauses oder Büros sogar in Weltstädten beraten.

Wie Sie Ihren Platz finden

Die Bedeutung von Wind und Wasser trifft nicht nur auf die Lage großer Städte zu, in denen Menschen leben. Ihr Haus und Ihr Büro sind ebenfalls Wohnorte, und natürlich beschäftigt Sie Ihre Umgebung, in der Sie so viel von Ihrer Lebenszeit verbringen. Wenn Sie ein Haus oder eine Wohnung auswählen, machen Sie sich Gedanken über den Preis, den Sie zu zahlen haben, die Lebenshaltungskosten in dieser Gegend und die Zweckmäßigkeit des Ortes. Sie wollen aber auch über Ihre Nachbarschaft Bescheid wissen. Die Atmosphäre des Ortes interessiert Sie: Sie wollen wissen, wie ruhig es ist, ob die Gegend sicher ist, ob die Luft drückend ist. Sie möchten wissen, wie sich das Leben dort auf Sie auswirken wird.

Um diese Frage zu beantworten, zieht der Feng Shui-Berater viele Aspekte in Betracht. Es geht nicht nur darum, ob Ihnen das Haus oder die Wohnung gefällt. Die unterschiedlichen Feng Shui-Prinzipien werden verwendet. Wie ist das Gleichgewicht von Yin und Yang (siehe S. 18 – 23)? Wie paßt die Ausrichtung des Hauses in die Reihenfolge der Trigramme im I Ging? Ist der Ort in bezug auf magnetische und andere Kräfte und die relevanten Zeitzyklen angemessen? Entspricht die gesamte Konfiguration des Hauses und der Nachbargebäude der Karte der Fünf Tiere (siehe S. 38 – 39)?

Kein Standort ist ständig gut oder schlecht. Wenn man das sagte, verletzte man die grundlegende Tatsache der Veränderung im Universum. Alle zusammenströmenden – und veränderlichen – Kräfte müssen in Betracht gezogen werden. Ein angemessener Ort für ein Familienheim für einen Zyklus von 20 Jahren kann im nächsten Zyklus nicht mehr passen. Ein günstiger Ort für die eine Familie kann für die andere eine einzige Katastrophe sein. Feng Shui untersucht wie jede andere Wissenschaft alle Aspekte der Situation, entwickelt allgemeine Gesetze und untersucht dann, wie diese unter speziellen Umständen angewandt werden.

Aufs Land ziehen

Sie wollen aufs Land ziehen. Sie finden ein reizendes kleines Haus mit weiten offenen Feldern, die sich im hinteren Bereich in alle Richtungen ausweiten. Das Haus hat jedoch vorn keinen eigenen offenen Bereich: Die Hauptstraße verläuft direkt an der Eingangstür vorbei. Sie zögern, ob Sie es kaufen sollen – möglicherweise ist der Verkehr nachts laut. Sie reagieren auch intuitiv darauf, daß der Standort des Hauses Feng Shui-Prinzipien verletzt. Es ist hinten vollkommen ungeschützt und hat im vorderen Bereich keinen offenen Platz. Vielleicht spüren Sie unbewußt, daß dieser Platz etwas Verwundbares hat.

Auswirkungen eines Hochhauses

Wenn jemand eine Baugenehmigung haben möchte, um ein Hochhaus gegenüber von Ihrem Haus zu errichten, sind Sie natürlich dagegen. Es blockiert Ihre Sicht, schneidet Sie von Sonnenlicht und Luft ab und wertet Ihr Haus ab. Aus der Sicht des Feng Shui wäre ein Hochhaus vor Ihrem Zuhause gleich- zusetzen mit einer Blockierung Ihres Höhleneingangs. Ihre Höhle würde so gedreht werden, so daß sie nach innen zum Berg ausgerichtet ist. Ihr natürliches Ordnungsgefühl wird auf den Kopf gestellt, und Sie haben das Gefühl, daß sie fast erstickt werden, denn Ihr biologisches Bedürfnis nach Luft (Wind) wird blockiert, wenn Sie nach vorn schauen.

Der Feng Shui-Diamant

Eines Tages sagte ein junger Mann, der glücklich verheiratet und der Vater von zwei kleinen Kindern war, zu seiner Frau: »Das ist jetzt das dritte Jahr, daß ich bei einer Beförderung übergangen worden bin, und jeder betrachtet mich als Versager«

»Du bist aber kein Versager«, sagte seine Frau zu ihm. »Du hast einen guten Hintergrund, einen Abschluß, alles nötige Training, und du arbeitest in einer Firma, die schnell vorankommt. Du wirst zu einem guten Zeitpunkt befördert werden.«

Die Beförderung kam aber nicht, und der junge Mann war heimlich von der Idee besessen, daß sein Leben stagnierte. Er beichtete seine Ängste einem alten Freund aus Studienzeiten, der aus Spaß sagte: »Vielleicht brauchst du etwas Feng Shui.«

Die lockere Spöttelei traf den jungen Mann tief, und er begann alles zu diesem Thema zu verfolgen, was er finden konnte – einige Zeitungsartikel und zwei Bücher im örtlichen Buchladen. Da er Computerfachmann war, fand er auch das Feng Shui-Netz im Internet. Ohne seiner Frau zu sagen, was er tat, begann er, Vorschläge zu machen, wie das Haus neu strukturiert werden könnte.

»Ich bin nicht allzu glücklich über den Teich hinten im Garten«, sagte er eines Morgens beim Frühstück. Ein paar Wochen später sagte er zu ihr: »Ich glaube, ich werde diese Steine aus dem Steingarten herausreißen, den wir vor dem Haus haben.«

Natürlich war seine Frau mehr als verblüfft, da sie sich mit der Landschaft um ihr Haus herum sehr viel Mühe gegeben hatten, aber der junge Mann war fest entschlossen, nahm die Veränderungen vor, und behielt die ganze Zeit seine Gedanken für sich.

Drei Monate später kam er eines Tages von der Arbeit mit den guten Neuigkeiten zurück, daß ihn die Chefin bezüglich seiner Karrierepläne gefragt hatte. Im Unternehmen gab es eine Umstrukturierung, und es wurde erfahrenes Personal gesucht, das neue Verpflichtungen übernehmen konnte. »Eine Veränderung liegt in der Luft«, sagte sich der junge Mann.

Eine Woche später begann er jedoch eine subtile Veränderung in der Arbeitsatmosphäre festzustellen. Er war ein Mann, der Menschen natürlich anzog, jetzt aber verspürte er eine leichte Kälte und fand es immer schwerer, Zugriff zu den Informationen zu erhalten, die er benötigte. Seine Chefin nahm die Veränderung auch wahr: »Stimmt etwas nicht, das wir besprechen müßten?« fragte sie ihn auf ihre einfühlsame Art. Der junge Mann wußte keine Antwort.

Zum ersten Mal hatte er starke Bedenken, Feng Shui nur amateurhaft zu betreiben. »Vielleicht bin ich wie der Zauberlehrling«, murmelte er zu sich selbst, »und ich habe etwas entfesselt, das ich nicht kontrollieren kann.«
Seine Frau wußte, daß das alles nicht gut war. Am nächsten Tag hörte sie ihn laut nachsinnen: »Vielleicht sollten wir den Teich wieder hinten im Garten anlegen.«

Sie setzte sich neben ihn, fragte, was ihm in den Kopf gekommen sei und holte durch ständiges Nachfragen ein Geständnis aus ihm heraus. »Ich werde meine Cousine Jean fragen, was zu tun ist«, sagte sie zu ihm. »Ihr neuer Ehemann kommt aus Fernost, und sie hat mir erzählt, daß er einen Onkel hat, der sich in dieser Sache gut auskennt.«

»Es ist sehr schwer, Feng Shui perfekt nach einem Buch zu praktizieren«, sagte der Onkel, als er von seiner neuen Nichte überzeugt worden war, daß er zu dem Ehepaar ins Haus kommen sollte. »Es ist etwas, das man über Jahre hinweg studieren muß.« Er fuhr fort: »Feng Shui ist wie ein Diamant. Wenn Sie einen Edelstein schleifen, müssen Sie auf alle Facetten achten. Sie sind wie kleine Spiegel, die das Licht des Diamanten reflektieren. Sie reflektieren das Licht auch gegenseitig. Wenn Sie die Brillanz des Steins wecken wollen, müssen alle Schliffe harmonisch sein.« »Was ich getan habe, ist also falsch?« fragte der junge Mann besorgt.

»Nein«, sagte der Onkel, »ein Diamant ist immer noch ein Diamant. Wenn ein Schliff jedoch nicht so gut gemacht ist, dann wirkt er sich auf das Licht aus, das von den restlichen Facetten ausgeht. Nichts, was Sie getan haben, war falsch. Sie brauchen nur etwas Hilfe, um die Arbeit an Ihrem Diamanten zu vervollständigen!«

Sehr zum Erstaunen der jungen Leute griff der Onkel in seine kleine Tasche und zog einen wunderschönen Lo Pan, den Feng Shui-Kompaß, heraus. Nur ein Meister ist in der Kunst des Lo Pan vollständig ausgebildet. Mit der sorgfältigen Beobachtungsgabe dieses bemerkenswerten Mannes gingen sie durch das ganze Haus und untersuchten Raum für Raum.

»Sie sollten den Fernseher und die Stereoanlage im Wohnzimmer wieder an den alten Platz zurückstellen und diese bemalte Maske abnehmen, die über dem Kamin hängt. Es ginge Ihnen ohne all diese Pflanzen im Schlafzimmer besser. Hängen Sie den Spiegel ab und befestigen Sie ihn innen an Ihrer Kleiderschranktür. Besorgen Sie sich einen Nachttisch und stellen Sie dort die Leselampe auf, anstatt sie auf dem Kopfteil des Bettes stehen zu haben.« »Als letztes schlage ich vor«, sagte der Onkel, »daß Sie die Farbe Ihrer Eingangstür ändern und mit Ihrem Kopf auf der anderen Seite des Betts liegen. Wollen Sie das alles tun?«

Das Ehepaar war von den Vorschlägen ziemlich tief beeindruckt und nickte: »Wir werden es tun.« »Aber nicht, bis ich zurückkomme«, sagte der Onkel. «Sie müssen das alles am richtigen Tag zur richtigen Zeit machen. Das ist sehr wichtig. Ohne die richtige Zeitplanung wird Ihr Diamant wie ein Stein im Dunkeln sein. Wenn ich zurückkomme, werde ich auch einen kleinen Kristall mitbringen, den ich in ihrem Vorderzimmer aufstelle.«

Es war nicht die Art von Rat, die das Paar erwartete, und es hatte Angst, daß seine Freunde es stillschweigend wegen Aberglaubens zurückwiesen, wenn es diese Veränderungen vornähme. »Ich habe das zuerst auch gedacht«, sagte die Cousine Jean zu ihnen, »und es fiel mir wirklich schwer, das zu akzeptieren, als mir mein Mann über diese ganze Sache erzählte. Ich sehe es jetzt aber wirklich als eine Art kulturelles Problem. Jeder betrachtet dieselbe Welt und geht mit denselben Wirklichkeiten um, es ist nur die Sichtweise, die so unterschiedlich ist.«

Das Ehepaar entschloß sich, die Veränderungen vorzunehmen (und übrigens war es richtig, den Teich aus dem hinteren Garten zu entfernen). Darüber hinaus war es nur eine Sache von Wochen, bis die Dinge griffen.

»Wir fühlen uns so anders am Morgen«, erzählten sie Jean. »Es ist, als ob wir viel besser geschlafen hätten, und wir haben weniger Auseinandersetzungen mit den Kindern. Die Arbeit scheint eine geringere Belastung zu sein und die Atmosphäre hat sich dort wirklich verbessert. Und jetzt scheint es, daß neue Verpflichtungen – und mehr Geld – definitiv in den Karten stehen.«

»Ich habe das Gefühl, daß wir Deinen Onkel bezahlen sollten«, sagte der junge Mann. »Ich habe gelesen, daß Feng Shui-Leute sehr hohe Gebühren verlangen.«

»Ja«, sagte Jean. »Der Rat, den Ihr von meinem Onkel erhalten habt, war wahrscheinlich von unschätzbarem Wert. Ich hatte ihn jedoch gefragt, ob er mir einen Gefallen tun könnte, da ich jetzt in seine Familie eingeheiratet habe ... Andererseits – wenn Ihr für seine Kultur Respekt zeigen möchtet, könnt Ihr als Zeichen Euerer Dankbarkeit eine Spende machen, die von Herzen kommt, und sie in einen kleinen roten Umschlag für ihn stecken.«

Die Zeitendämmerung

Die historischen Ursprünge von Feng Shui gehen zurück bis zu einer Ära der menschlichen Zivilisation, die vor der Zeit schriftlicher Aufzeichnungen liegt. Es ist wie ein großer Fluß, dessen Quelle zurückverfolgt werden kann, indem man den Windungen seiner vielen Bäche und Nebenflüsse folgt.

Die Quelle der gesamten Feng Shui-Praxis ist die Theorie von Yin und Yang (siehe S. 6 – 19). Das Konzept der zwei Elementarkräfte wurde in der chinesischen Kultur mündlich überliefert und ging allen schriftlichen naturwissenschaftlichen und medizinischen Arbeiten voraus. Man kann daher auf eine Geschichte von gut 7 000 Jahren zurückblicken. Im Einführungskapitel des *Klassischen Werkes der Inneren Medizin* vom Gelben Kaisers, das zwischen 2 690 und 2 560 v. Chr. entstanden ist und der älteste medizinische Text ist, der der Menschheit bekannt ist, berichtet der Hofarzt dem Kaiser:

»In alten Zeiten richteten sich die Menschen, die das Tao verstanden, nach dem Yin und Yang und lebten in Harmonie mit den Künsten der Voraussage.«

Als sich der Taoismus über die Jahrhunderte entwickelte, war die Yin- und-Yang-Theorie in allen Bereichen der intellektuellen, künstlerischen und wissenschaftlichen Forschung von großer Bedeutung. Die Theorie war das Herzstück der meisten Beobachtungen und Reflektionen über das Leben, so wie sie weiterhin in der Kunst des Feng Shui bis heute besteht.

Das I Ging hat ebenfalls eine außergewöhnlich lange Geschichte. Einige Darstellungen schreiben seinen Ursprung der Arbeit legendärer Figuren der chinesischen Kultur zu. Andere Gelehrte sind der Meinung, daß die grundlegenden Prinzipien im 7. und 8. Jahrhundert v. Chr. erstellt wurden. Das Buch wurde in seiner zeitgenössischen Form am Ende der Chou-Dynastie im 3. Jahrhundert v. Chr. erstellt. Konfuzius selbst, der 522 v. Chr. geboren wurde, widmete seine letzten Jahre einem ausgedehnten Studium des I Ging und schrieb dazu einen sehr ausführlichen Kommentar. Es heißt manchmal, daß die Theorie der Fünf Energien bis auf die Zeit Tsou Yens zurückgeht, der oft als der Begründer des chinesischen wissenschaftlichen

Denkens bezeichnet wird. In der *Historischen Aufzeichnung*, die auf das 1. Jahrhundert v. Chr. zurückgeht, wird beschrieben, daß Tsou Yen die essentiellen Ideen des Systems der Fünf Energien vorstellt, obwohl die Konzepte wahrscheinlich lange zuvor bekannt waren. Die *Historische Aufzeichnungen* sagen über Tsou Yen:

»Er untersuchte intensiv das Zu- und Abnehmen von Yin und Yang und schrieb Aufsätze mit mehr als 100 000 Worten über die Muster, die sie erzeugten ... Er begann mit dem Ursprung von Himmel und Erde, machte Notizen zu den ständigen Veränderungen der Fünf Energien und ordnete sie, bis jede in ein Muster hineinpaßte und von geschichtlichen Ereignissen bestätigt wurde. «

Wohnen auf der Erde

Von frühester Zeit an haben Menschen danach gestrebt, so zu leben, daß sie die kraftvollen Ausbrüche der Natur überlebten – Überschwemmungen, Erdbeben und Epidemien. Aus der geduldigen Beobachtung des Lebens auf dem Planeten entstanden Theorie und Praxis, die über die Jahrhunderte zur Entwicklung vieler Wissenschaften geführt haben. Die Prinzipien des Feng Shui sind auch in Übereinstimmung mit jahrhundertelanger, sorgfältiger Beobachtung verfeinert worden.

Himmel und Erde

Feng Shui ist ein relativ moderner Begriff. Die ursprünglichen chinesischen Schriftzeichen, die das beschrieben haben, was wir jetzt als Feng Shui bezeichnen, waren Ham und Yu. Ham bedeutet das Erhalten oder Empfangen von Energie der Himmelskörper. Yu bezieht sich auf das Verbinden von unserer Erde mit der Galaxis. So entsteht aus diesem sehr alten Begriff ein klares Bild – die Vorstellung, daß es möglich ist, Verbindungen zwischen dem Planeten Erde und dem Rest des Universums zu erfahren und zu schaffen. Für den chinesischen Verstand ist es der Mensch, der zwischen Himmel und Erde steht und die beiden verbindet. Diese Wahrnehmung trifft den Kern der Geschichte und die innere Bedeutung von Feng Shui.

Die Tradition

Feng Shui begann als mündliche Überlieferung und wird meist weiterhin vom Meister an den Schüler weitergegeben. Der Umfang des Studiums ist beträchtlich. Es gibt vier Stufen, von denen jede untergeordnete Stufen enthält. Es gibt kein festes System, die Ebenen zu durchlaufen – alles hängt von der Beurteilung des Meisters und der Begabung des Schülers ab.

Traditionell ist es so – und das trifft bei der Mehrheit der Fälle zu –, daß jemand, der Feng Shui lernen möchte, jemanden finden muß, der ihn einem Feng Shui-Meister vorstellen kann. Diese Vorstellung war ganz wichtig. Wenn der Meister einverstanden war, wurde die Person als Schüler angenommen. In den nächsten paar Jahren diente dieser einfach dem Meister (möglicherweise im Haus oder machte andere Aufgaben, die ihm der Meister zuwies). Diese Periode war ganz wesentlich, damit der Meister die persönlichen Qualitäten des zukünftig Praktizierenden prüfen konnte. Feng Shui hat eine sehr strenge Ethik und wird keinem gelehrt, der die Einsichten oder Techniken mißbrauchen könnte.

Wenn der Meister feststellt, daß der neue Schüler es wert war, unterrichtet zu werden, begann eine Periode der persönlichen Unterweisung. Der Schüler begleitete den Meister während seiner Feng Shui-Arbeit und wurde im Wesentlichen ausgebildet. Zu diesem Zeitpunkt wurde der Schüler fast ein Familienmitglied und auch so behandelt. Nach einigen weiteren Lehrjahren – die oft mindestens zehn Jahre dauerten – konnte der Meister entscheiden, den Schüler als Lehrling anzunehmen. Das hing davon ab, ob zwischen den beiden eine tiefere Verbindung entstanden war und ein tieferes Verstehen stattfand. Mit Ausnahme der Blutsverwandtschaft übernahmen beide in jeder Hinsicht die gegenseitige Verantwortung, und der Schüler wußte, daß er darauf vorbereitet wurde, die Tradition nach dem Tod des Meisters fortzusetzen.

Manchmal gibt es Meister, die keine Familie haben oder als Mönche leben und überhaupt nicht lehren. Sie suchen sich vielleicht nur gegen Ende ihres Lebens Schüler, um sicherzustellen, daß die Tradition fortgesetzt wird. Sie folgen demselben sorgfältigen Prozeß, bei dem der Charakter potentieller Schüler genauestens geprüft wird, und geben ihre gesamten Einsichten nur an die weiter, denen sie vollkommen vertrauen.

Vor kurzem haben die jüngeren Feng Shui-Meister begonnen, Feng Shui im größeren Rahmen bekannt zu machen. Sie halten Vorträge und Kurse und schreiben Artikel und Bücher. Manche veranstalten einen kurzen Kurs. Man nennt dies »die erste Tür zum Geheimnis öffnen«. Diejenigen, die interessiert sind, können durch die Tür hindurchgehen. Wenn sie aber einmal drinnen sind, werden die eigentlichen Belehrungen auf einer ganz persönlichen Basis durchgeführt. In dieser Hinsicht bleibt die Integrität einer Tradition, die sich über die Jahrhunderte fortgesetzt hat, noch heute erhalten.

Der Feng Shui-Meister

Auf dieser alten Zeichnung sieht man den Feng Shui-Meister des Kaiserhofes, wie er einen potentiellen Platz untersucht. In ihren frühesten Anfängen wurde diese Kunst ausschließlich im Dienste des Kaisers durchgeführt. Langsam entwickelte sich Feng Shui zu einer weiterverbreiteten Praxis. Erst in diesem Jahrhundert wurde es offener diskutiert und darüber geschrieben.

Auf diesem Bild erkennt man in der Mitte der Dreiergruppe den alten Meister. Schräg über seinem Kopf befinden sich in einem kleinen Kasten zwei Schriftzeichen. Die anderen auf dem Bild sind seine Angestellten, von denen zwei Meßstöcke tragen. Links vom Meister prüft einer seiner Angestellten den Feng Shui-Kompaß, der als Lo Pan bekannt ist und auf einem klappbaren Ständer steht.

Wenn Sie das Bild betrachten, können Sie testen, ob Sie einige Grundprinzipien der Feng Shui Theorie verstanden haben. Was ist auf diesem Bild Yin und was Yang? Wo sind die fünf Tiere? Betrachten Sie das Verhältnis zwischen Hügel und Wasser und die relative Höhe der rechten Seite des Bildes und der linken Seite (wenn sie von vorn auf das Bild schauen): Wenn sie an diesem Platz ein Gebäude errichten wollten, wo wäre der Eingang?

Seidenmalerei, die den Blick auf den Sommerpalast in Peking zeigt.

TEIL ZWEI

Die natürlichen Harmonien

Wohnort und Arbeitsplatz

In Teil II dieses Buches geht es um die natürlichen Harmonien. Dieser Teil baut auf dem Verständnis über die fundamentalen Kräfte auf, die in Teil I vorgestellt wurden. Die natürlichen Harmonien haben drei Hauptaspekte. Der erste ist die Harmonie, die zwischen jeder Person und ihrer unmittelbaren Umgebung bestehen sollte – ihrem Zuhause und Büro, Geschäft oder anderem Arbeitsplatz. Als zweites kommt die Harmonie, die zwischen dieser unmittelbaren und der weiteren Umgebung bestehen sollte – dem Ort und der Nachbarschaft, in der sich Wohnhäuser und Arbeitsplätze befinden. Drittens gibt es eine größere Harmonie, die zwischen allen energetischen Kräften – selbst weit entfernten Energiequellen innerhalb des Kosmos – existieren sollte, die sich auf eine Person in einer beliebigen Umgebung auswirkt.

Den neun Aspekten des Feng Shui unterliegen bestimmte Wahrnehmungen, die alle praktischen Vorschläge im Alltag beeinflussen, die Sie in diesem Teil des Buches kennenlernen werden:

– Die Energien des Universums durchdringen sich gegenseitig.
– Die Energie der Menschen ist mit der unmittelbaren Umgebung sowie mit der Energie der Galaxien untrennbar verbunden.
– Die Energie der Materie ist im Grunde genommen mit den Energieformen identisch, die wir mit Licht, Farbe und sichtbaren Bewegungen verbinden.

Wie abstrakt die Feng Shui-Theorie auch erscheinen mag – sie ist wirklich eine andere Betrachtungsweise des täglichen Lebens. Sie ist weder den Weisen in einer idyllischen Umgebung vorbehalten, noch ist sie eine einzigartige chinesische Weltsicht – und Sie müssen kein Chinese sein, um diese zu schätzen oder zu verstehen. Wenn Sie einmal die grundlegenden Prinzipien verstanden haben, beginnen Sie, die Welt anders zu sehen.

Ihre Welt verstehen
Die Weltsicht des Feng Shui gibt Ihnen in Teil II eine Reihe von Werkzeugen an die Hand, die ganz praktisch angewendet werden können. Es beginnt mit dem wichtigsten Aspekt Ihres Lebens: dem Ort, an dem Sie leben. Ein Feng Shui-Praktiker untersucht als erstes die Einwirkung des jetzigen Standorts – ist Ihr Haus ein sicherer Ort, an dem Sie sich erholen können und an dem die Energiemuster Ihr Leben unterstützen?

Dann werden die wesentlichen Aspekte Ihres Zuhauses geprüft, Zimmer für Zimmer. Ausgangspunkt dieses Rundgangs ist Ihr Schlafzimmer, denn dort verbringen Sie bis zu einem Drittel Ihres Lebens. Als nächstes kommen Wohnzimmer, Küche und Bad. Die Feng Shui-Prinzipien für Ihren Garten werden ebenfalls kurz behandelt, bevor die Arbeitsumgebung außerhalb Ihres Hauses untersucht wird.

Die Illustrationen der Gebäude und deren Inneneinrichtung sind absichtlich allgemein gehalten. So werden beispielsweise anstatt aller Gebäude in einer Straße nur die Schlüsselpositionen einzelner Häuser gezeigt. Es wurde versucht, eine Vielfalt von Wohnstilen abzubilden, da die Ratschläge auf eine große Anzahl von Situationen angewendet werden sollen und damit Menschen, die in verschiedenen Kontinenten leben und sehr unterschiedliche Mittel zur Verfügung haben, diese umsetzen können. Am wichtigsten ist, daß Sie die darin enthaltenen Prinzipien verstehen, damit Sie diese auf die Gestaltung Ihres eigenen Wohnraumes anwenden können.

Feng Shui für das Geschäft
In Städten von Kanton bis Singapur und von San Francisco bis Paris lassen heute mehr und mehr Firmenchefs einen Feng Shui-Experten kommen (wenn Sie einen finden können), um bei wichtigen Geschäftsabschlüssen beraten zu werden.

Ein amerikanischer Geschäftsmann, der in London lebt, überraschte vor kurzem seine Partner, als er für ein Wochenende einen Feng Shui-Meister aus Hong Kong einfliegen ließ, um ein Gebäude untersuchen zu lassen, das er eventuell kaufen wollte. Er entschied sich gegen den Kauf, da der chinesische Experte für den Platz kein grünes Licht gegeben hatte.

Der Standort Ihres Betriebs (in einer belebten Durchgangsstraße oder einer ruhigen Nebenstraße) wird sich auf die Menschen auswirken, die zu Ihnen ins Büro oder ins Geschäft kommen, und einen Einfluß auf Ihr Handelsvolumen haben. Das ist aber noch nicht alles. Andere Faktoren sind gleichermaßen wichtig. Diese beinhalten das Verhältnis zu anderen Gebäuden (scharfe gegenüberliegende Ecken oder größere Gebäude und die Entfernung zu Springbrunnen sind Probleme, die ein Feng Shui-Fachmann herausfinden wird), die Anordnung im Inneren des Gebäudes (lange Korridore, die auf beiden Seiten offen sind oder falsch plazierte Spiegel können dem Geschäft abträglich sein) sowie die Farbwahl (bestimmte Farben erzeugen bei Kunden und Personal ein kaum wahrnehmbares Gefühl von Unbehagen).

Feng Shui-Experten und Architekten

Manchmal wird ein Feng Shui-Experte eine Reihe von architektonischen Veränderungen empfehlen, um eine harmonischere Energiekonfiguration in einem größeren Gebäude zu bewirken. Das ist in Hongkong verbreitet, wo Unternehmensberater zuerst einen Feng Shui-Meister rufen. Sie wollen wissen, ob der Standort geeignet ist, bevor sie investieren, und in welche Richtung das Gebäude ausgerichtet sein sollte, damit ihre Investition ganz sicher ist und sich auszahlt. Danach benötigen sie Architekten, die eng mit dem Feng Shui-Meister zusammenarbeiten und ihm ihre Entwürfe vorlegen. Es kann eine Schlußprüfung und eine jährliche Überprüfung geben, da sich die Energie in der Umgebung verschieben kann.

Firmenchefs, die Feng Shui-Fachleute konsultieren, argumentieren, daß es wirtschaftlich sinnvoll ist, selbst wenn sie auch nicht ganz verstehen, wie die Kunst im einzelnen funktioniert. Schließlich sagen sie, daß sie eine große Investition tätigen, und warum sollen sie für diese Art von Beratung nicht ein wenig mehr ausgeben, wenn damit das Risiko verringert wird?

Der Unterschied im Geschäftsleben

In einer Welt, die immer mehr im Wettbewerb steht, geben beispielsweise viele Handelszentren große Summen aus, um ihre Standorte, Bürobereiche und Geschäfte neu auszustatten. Die Dienstleistungen und Produkte, die sie anbieten, können qualitativ hoch sein und trotzdem keinen ausreichenden Umsatz bringen. Ein Wettbewerber an einem anderen Ort, der vergleichbare Dienstleistungen oder Produkte anbietet, kann weitaus geringer ausgestattet sein und mehr Kunden anziehen. Oft macht man schlechte Marketingstrategien, die finanzielle Gesamtsituation und ein unzulängliches Management für ein Versagen verantwortlich. Alle diese Gründe können zutreffen. Wenn das Gesamtbild jedoch durch die Augen eines Feng Shui-Experten betrachtet wird, ist das Ergebnis oft recht verblüffend. Es wäre möglich, daß aufgrund vorliegender Energiemuster der Gebäude und deren Inneneinrichtung versteckte Fehler vorhanden sind.

Wenn Sie in Ihrem Betrieb zu kämpfen haben, ist es vielleicht ein schwarzer Fleck mit stagnierender Energie mitten in einem belebten Bereich. Die Eingangstür ist möglicherweise so plaziert, daß sie das Gebäude nicht gegen ungünstige Energien schützen kann. Kunden fühlen sich innerhalb des Firmengeländes eventuell unwohl, und das Personal empfindet das unterschwellig ähnlich. Feng Shui-Experten sprechen manchmal von »Ärgerenergie«, und wenn diese auf Ihrem Grundstück zirkuliert, dann wird jeder darauf reagieren, der Verkauf geschädigt und Streit hervorgerufen. Manchmal wirkt sich die Anordnung der Türen auf viele Aspekte in einem Gebäude schädlich aus. Wenn es einen geraden Durchgang zwischen Eingangs- und Hintertür gibt (oder einen offenen Bogengang), wird Geld aus dem Gebäude eher ausfließen, so als ob Sie ein Loch in der Tasche hätten.

Andererseits kann die Anwendung von Feng Shui-Prinzipien durch einen erfahrenen Praktiker schöne Dividenden einbringen und ein unsichtbares Gleichgewicht von Energien, Farben, Formen und Richtungen sichern, die genau die richtige Arbeitsatmosphäre schaffen – in der Kunden und Personal gern Geschäfte machen.

Das Ziel finden

Ihr Haus ist Ihre Grundlage. Im Feng Shui gehören die
Energiemuster, die Ihr Haus beeinflussen, zu den
wichtigsten Einflüssen in Ihrem Leben. Als erstes sollte der
Standort Ihres Zuhauses untersucht werden. Die meisten
wohnen genau an einer Straße oder nicht weit davon
entfernt, und da Durchgangsstraßen Hauptleiter von
Energie sind, ist das Verhältnis von der Straße zu Ihrem
Haus von größter Bedeutung. Um zu verstehen, wie dies
funktioniert, stellen Sie sich vor, daß Ihr Zuhause eine
potentielle Zielscheibe ist. Wenn die Straße so wie auf der
Zeichnung rechts in Kurven verläuft, liegt die Straße wie
der Bogen eines Schützen den beiden blauen Häusern
gegenüber. Das ist die Seite der Kurve, die Sie vermeiden
sollten. Sie können sehen, wie die Energie, die in beiden
Richtungen der Straßen verläuft (und dazu gehört der
Verkehr) aus der Kurve geraten kann und auf die beiden
blauen Häuser auftrifft. Die blauen Häuser sind
Zielscheiben, das gelbe Haus ist sicher.

In Kurven verlaufender Energiefluß

*Dieser Energiefluß (rechts) ist
eher wie ein Fluß. Wenn ein Ende
der Kurve höher als das andere
liegt, wird das abwärts fließende
Wasser normalerweise zwischen
den Ufern eingedämmt. Wenn es
jedoch heftige Regenfälle gibt oder
der Fluß anschwillt, werden die
Häuser zuerst betroffen sein, die
sich direkt in der Linie des sich
vorwärts bewegenden Wassers
oder der Energie befinden.
Wiederum werden die blauen
Häuser Probleme haben.*

Rechtwinklige und Haarnadelkurve

Die Energie kommt in einer rechtwinkligen Kurve in die Straße hinein (oben). Wenn sie langsam fließt, biegt sie um die Ecke und bewegt sich am blauen Haus vorbei. Wenn sie aufgewühlt oder unkontrolliert ist, geht sie über die Kurve hinaus, fließt weiter geradeaus und trifft auf das blaue Haus. Die

Kurve ist wie ein Wärmeband: Es umfängt das gelbe Haus und schließt das blaue Haus aus. Wenn sich das Haus am Ende einer Haarnadelkurve (oben rechts) befindet, werden die beiden kraftvollen Energielinien auf das Ziel des blauen Hauses katapultiert und bilden einen Punkt wie eine Messerspitze.

Ein rasendes Auto

Schauen Sie sich die Zeichnung (links) unter Berücksichtigung des Zielprinzips genau an. Stellen Sie sich vor, daß die Energie die Form eines rasenden Autos in der Nacht annimmt. Alle drei Häuser könnten in Gefahr sein, je nachdem, aus welcher Richtung das Auto geschossen kommt. Denken Sie darüber nach, und versuchen Sie, die Risiken einzuschätzen, die für jedes Haus am wahrscheinlichsten sind.

Kreisel und Sackgassen

Leben im Kreis

Manche Menschen leben in kreisförmig angeordneten Häusern, die sich manchmal um einen Kreisverkehr herum befinden, oder in Gebäude- komplexen mit einer speziellen Architektur. Diese mögen zwar ansprechend aussehen, in den Augen eines Feng Shui- Praktikers entstehen jedoch bei beiden Probleme.

Beim Kreisel dreht sich die Energie und erzeugt einen Wirbel. Energiebänder rasen mit hoher Geschwindigkeit heran und bombardieren die Häuser. Die Haushalte werden dadurch ständigen Störungen ausgesetzt. Von der Sicherheit her ist dies ebenfalls ungün- stig, denn bei Zusammen- stößen und Unfällen wie durch Versagen der Bremsen können die Autos den rotier- enden Energielinien folgen und in die am Rand befind- lichen Häuser hineinrasen.

Leben in einer Sackgasse

Eine ruhige Sackgasse oder ein U-förmiger Gebäudekomplex wie hier kann wie ein ruhiger, friedlicher Platz wirken. Stellen wir uns aber vor, daß die Energie von der offenen Seite der Straße hereinkommt und keinen Ausweg findet. Sie sammelt sich wortwörtlich an wie stagnierendes Wasser am Ende eines Teiches oder stapelt sich wie zahlreiche Fahrzeuge, die auf einer blockierten Autobahn ineinanderrasen. Die Familien, die in nächster Nähe der Sackgasse leben, werden in ihrem Leben wahrscheinlich vergleichbare Wirkungen feststellen: ein Gefühl, daß sie ziellos sind oder keine Zukunft haben. Es ist unwahrscheinlich, daß sie gesellschaftlich sehr beliebt und engagiert sind oder florierende Geschäfte haben. Der Aufprall der kollidierenden und stagnierenden Energien kann auch im Familienleben zu Störungen führen.

Auf diesen Seiten dominieren drei Feuergebäude, jedes vor einem anderen kulturellen Hintergrund, und jedes dient einem anderen Zweck. Trotzdem sind sie alle von ihrer Intensität und Kraft her faszinierend.

Feuerformen
Die unregelmäßigen Dreiecke des Opernhauses in Sydney (oben) sind wie Flammen, die in den Himmel lecken. Von diesem Winkel aus gesehen wirkt die ganze Struktur wie ein Boot mit vollen Segeln: wenn die Energie von Wind und Wasser sich gemeinsam in bestimmten Richtungen bewegt, zieht dieses geniale Gebäude die Kraft zu sich und zur umliegenden Stadt. Kein Wunder, daß Sydney der Gastgeber der Olympischen Spiele des Jahres 2000 ist!

Feuerfarbe

St. Basil (links) mit seinen weltberühmten Türmen erhebt sich über den Kreml in Moskau. Ein eindrucksvolles Beispiel für ein Feuergebäude – dreieckig und hauptsächlich rot. Es überträgt eine enorme Kraft. Wenn seine Energie wie Ihre Mutter wirkt, ist seine Schutzwirkung sehr groß. Wenn sich diese Energie jedoch gegen Sie wendet, stehen Sie einem mächtigen Feind gegenüber.

Feuerstruktur

Diese Pyramide im Louvre in Paris (oben) wurde von dem chinesischen Architekten entworfen, der auch für die Bank von China in Hong Kong verantwortlich ist (siehe S. 79). Sie ist eine hervorragende Feuerstruktur, die eine intensive Energie vom Himmel herabzieht – und diesen Ort zu einer außerordentlichen Attraktion für Besucher macht. Sie steht mit der Wasserstruktur des Louvre vollkommen im Gleichgewicht.

Das Haus auf dem Hügel

Vielleicht überlegen Sie, ob Sie von der Stadt aufs Land ziehen sollen. Wo in der hügeligen Landschaft finden Sie ein Haus, das den grundlegenden Feng Shui-Anforderungen entspricht? In Teil I haben Sie schon einige Vorgaben erhalten, nach denen Sie einen Platz beurteilen können.

Wenn Sie das Modell der Fünf Tiere verwenden (siehe S. 38 – 39) und das Haus oben auf dem Hügel betrachten, werden Sie erkennen, daß es keine Schildkröte, keinen Drachen und keinen Tiger hat. Dadurch steht es völlig frei und hat keine Unterstützung. Ihr ganz normaler gesunder Menschenverstand wird Ihnen wahrscheinlich sagen, daß dies ein Haus ist, das den Elementen ausgesetzt und damit in wiederkehrenden Abständen von den tobenden Naturgewalten angegriffen wird.

Die Häuser, die sich weiter unten am Hügel befinden, können die natürliche Umgebung als Schildkröte im Rükken verwenden – wenn die Türen der Häuser so ausgerichtet sind, daß sich der Hügel hinten befindet. Dies ist aber nicht die einzige Bedingung. Wenn man den Hügel herunterkommt, befindet sich das Haus 2 auf einer Linie mit einer scharfen Kurve.

Wenn sie die Prinzipien auf S. 66 – 67 anwenden, können Sie sehen, daß dieses Haus eine Zielscheibe ist – es ist Verkehrsunfällen, sintflutartigen Regenfällen und Erdrutschen schutzlos ausgesetzt. Weiter weg befindet sich ein Haus (3) in einer weitaus günstigeren Position: hinten befindet sich ein Hügel, und das Haus liegt auf der sicheren Seite der Straßenbiegung.

Etwas entfernt steht ein Haus auf halber Höhe (4) in einer sanft abfallenden Bodensenke, die fast die Form eines Woks hat, einer runden chinesischen Bratpfanne. Dies ist eine geeignete Hügelform für ein Haus – im Gegensatz zum Haus ganz links auf der Zeichnung (5), das sich in einer fast tassenförmigen Vertiefung befindet. Dieses Haus wird vom Hügel eingeschlossen, davor befindet sich eine Erderhebung und blockiert damit seinen Phönixaspekt.

Sie können die Prinzipien dieser sehr vereinfachten Zeichnung verwenden, wenn Sie sich andere Häuser ansehen. Gibt es eine erhöhte Straße, die die Aussicht von der Hausvorderseite aus blockiert? Was befindet sich hinter dem Haus? Haben Sie das Gefühl, daß die Landschaft um das Haus herum nicht ausgeglichen ist, oder stimmt sie mit dem Modell der Fünf Tiere überein?

5

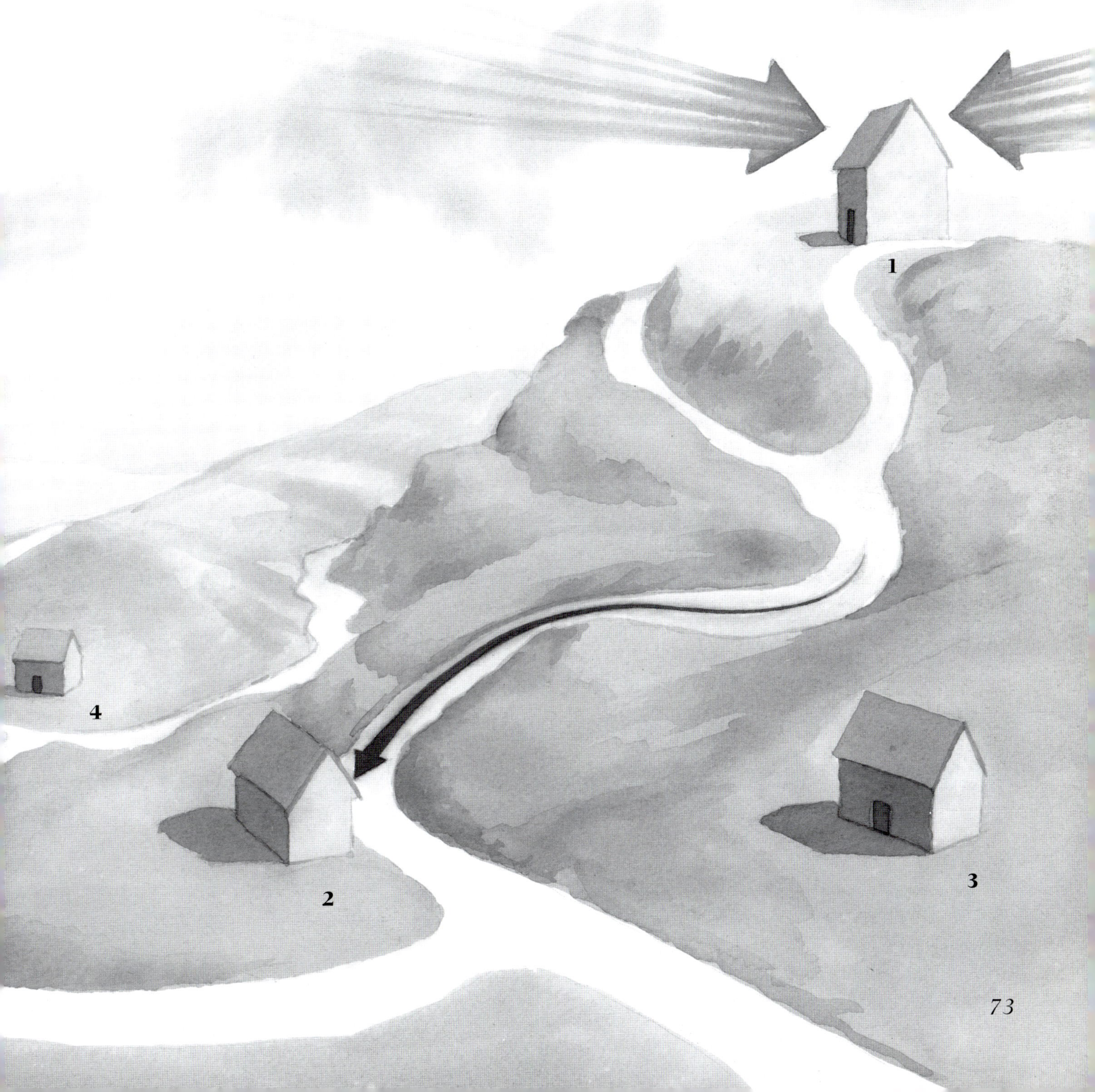
1
4
2
3

Die Brücke

Machen Sie einen anregenden Spaziergang über eine Brücke. Stehen Sie ruhig in der Mitte, schauen Sie über das weite Wasser und das Ufer. Schlendern Sie über die Brücke zurück und tauchen Sie ins Mondlicht ein. Egal was Sie tun, ziehen Sie aber nicht in ein Haus ein, das an einem Ende der Brücke gebaut ist!

Die von Brücken erzeugte Energie ist sehr stark. Sie ziehen Menschen von nah und fern an, und es ist kein Wunder, daß Künstler und Straßenhändler ihre Stände auf diesen wunderbaren Konstruktionen aufgestellt haben, die vor uralten Zeiten errichtet wurden. Es ist nicht überraschend, daß es in der Natur einer Brücke liegt, zum Schauplatz für wilde Kämpfe in Kriegszeiten zu werden.

Die Zugänge zu einer Brücke sind Konfliktbereiche – denn Energie kommt aus vielen Richtungen und fließt in einem ständigen Energiestrom zusammen, der sich über die Brücke ergießt und nach außen zerstreut. Es ist schwierig, sich einen ruheloseren Punkt vorzustellen!

Eine Brücke im Konflikt
Diese Zeichnung stammt von einem alten chinesischen Gemälde und zeigt die Verteidigung gegen Piraten in Shangjin-Tielingguan.

Energiekonzentrationen
In vielen modernen Städten zeigen die Verkehrsmuster um Hauptbrücken die starken und im Konflikt stehenden Bewegungen und Konzentrationen von Energie an diesen Punkten in der Metropole. Solche belebten Kreuzungen sind für Bürogebäude und Einkaufs- und Unterhaltungseinrichtungen förderlich, aber nicht für Privathäuser.

Das schwierige Wasser

In den acht Trigrammen des I Ging wird Wasser mit Schwierigkeiten assoziiert. Seine Energien sind tief und dunkel. Manchmal sagt man, daß es das Gefühl eines Abgrundes vermittelt. Es ist eine sehr starke Kraft: es absorbiert und speichert Energie. Sein Verhalten ist nur wenig berechenbar. Es schneidet andere Energieformen so, wie es die Spur eines Tieres wegspült, das das Land verläßt und in einen Fluß eintaucht.

Daher ist ein Feng Shui-Praktiker immer sehr vorsichtig bei Orten, die mit Wasser zu tun haben. Als erstes sollte man nicht in einem Haus wohnen, bei dem sich das Wasser auf der Rückseite befindet. Die Wasserenergie kann auf vielerlei Weise störend wirken und zu Gesundheitsproblemen und sexuellen Störungen führen sowie das Gebäude beeinträchtigen, indem es in das Fundament eindringt und das Haus absinken läßt.

Wenn Sie das Schema der Fünf Tiere (siehe S. 38 – 39) verwenden, können Sie sofort verstehen, warum sich kein Wasser auf der Rückseite befinden sollte. Hinter dem Haus sollte maximale Stabilität herrschen. Jegliches Wasser hinter dem Gebäude schwächt diese ganz wichtige Eigenschaft von Stärke und Unterstützung.

Ratschlag zu Wasser
Der Feng Shui-Rat zum Thema Wasser gilt in der Stadt wie auch auf dem Land (unten). Die Gärten hinter den Häusern können an öffentliche Parks mit Bächen oder Teichen oder an Kanäle grenzen. Der Ratschlag ist der gleiche: Der einzige empfehlenswerte Ort für Wasser ist die Vorderseite Ihres Gebäudes.

Am Fluß

Das Haus in der Nähe vom Fluß (oben) hat eine gute Lage. Wenn das Wasser aber stagnierte (wie bei einem stillgelegten Kanal) oder sich zu nahe an der Vorderseite des Hauses befände, würde seine Energie für das Haus nichts Gutes bedeuten (siehe S. 52 – 53).

Das Haus auf der gegenüberliegenden Seite des Flusses hat keine geschützte Lage. Es ist eine Zielscheibe für den »Bogen« des vorbeifließenden Flusses. Es ist einer plötzlichen Überflutung schutzlos ausgesetzt und genießt nicht die behütende Zirkulation des Wassers, von der das Haus auf der anderen Seite profitiert.

Das Zusammenströmen von Energie

Das Taj Mahal (oben) ist eines der wunderbarsten architektonischen Kunstwerke der Welt. Das Design ist wunderbar ausgeglichen und die Anordnung des Zentralgebäudes und seiner kerzenartigen Türme passen perfekt für ein Grab. Der lange, reflektierende Teich und die beiden Wege erzeugen jedoch kraftvolle Energielinien, die im Herzen des Gebäudes zusammenfließen. Für den Feng Shui-Fachmann beeinträchtigt dies die Gesundheit und Stabilität des Herrschers, der es gebaut hat, sowie seine langfristige politische Macht – die tatsächlich dahinzuschwinden begann, als das Taj vollendet war.

Stille Macht

Der Obelisk des Washington Monument (links) überragt die zentralen Institutionen der Vereinigten Staaten. Seine speerähnliche Kraft strahlt in alle Richtungen ab und beeinträchtigt das Kapitolgebäude des Kongresses, den Obersten Gerichtshof und das Weiße Haus. Er ist wie ein mächtiges Schwert, das in die Luft erhoben ist, ständig und schweigend präsent: Diejenigen, die innerhalb seiner Reichweite leben und arbeiten, werden oft feststellen, daß sie innerlich unruhig sowie in ihrer Entscheidungsfähigkeit blockiert sind.

Eckige Energie

Wie die polierte Klinge eines Beils erhebt sich das Gebäude der neuen Bank von China (oben) über der Skyline von Hongkong. Alle in den umliegenden Büros haben den Rat eines Feng Shui-Experten eingeholt, um sich gegen die eckige Energie dieser Struktur zu schützen. Sie ist ein spektakulärer Ausdruck von Macht in perfekter Lage mit den Bergen im Rücken und dem Hafen vorn – was den Eindruck einer startbereiten Rakete vermittelt.

Bestimmte Orte, bestimmte Wirkungen

Der Standort Ihres Hauses ist für ein harmonisches Leben entscheidend. Die Energie, die Ihr Haus beeinträchtigt, kann von unvorstellbar weit entfernten Orten innerhalb unseres Kosmos oder von woanders her im Universum kommen. Normalerweise ist das nicht leicht zu beurteilen, und dafür wird die spezielle Ausbildung eines Feng Shui-Experten benötigt. Sie können jedoch mit diesem Prinzip arbeiten, wenn Sie eine mögliche Lage für Ihr Zuhause beurteilen. Anstatt einfach nur gespannt zu sein, ob Sie in eine »nette Nachbarschaft« ziehen, oder allein an die Vorteile von Verkehrsverbindungen oder Lebensmittel-geschäften im Ort zu denken, können Sie versuchen festzu-stellen, wie sich der Ort und dessen Energiequalität im weiteren Sinne anfühlt. Menschen empfinden das unterschiedlich, was nicht selten der Fall ist.

Sie können die Basisinformation dieses Buches als Richtlinien verwenden. Welche Formation hat das Land, und wie verlaufen die Straßen – befindet sich das Haus in einer der Positionen, vor denen Sie auf den Seiten 66 – 69 gewarnt wurden? Wo ist das nächstgelegene offene Wasser wie ein Teich, ein öffentliches Schwimmbad oder ein Wasserspeicher? Liegt es in Richtung Rückseite des Hauses oder weit vorn? Was befindet sich in der näheren Umge-bung, das die Ruhe Ihres Heims stören und insbesondere einen friedlichen Schlaf beeinträchtigen könnte?

Sie sollten auch die Menschen berücksichtigen. Ein Feng Shui-Experte würde Ihnen nie empfehlen, ein Haus zu bewohnen, das sich gegenüber oder in der Nähe von Orten befindet, an denen regelmäßig eine gestörte Atmosphäre herrscht oder die mit Ärger, Verbrechen oder gewalttätigen Menschen zu tun haben. Sie wollten dort sicherlich sowieso nicht wohnen. Der Feng Shui-Rat ist, Häuser zu meiden, die gegenüber oder neben Bars, Bordellen und Polizei-stationen sind. Sie sollten auch nicht neben Gebäuden wohnen, deren Form mit dem Feuerelement assoziiert wird (siehe S. 32 – 37).

Störende Einflüsse

*Eine Straßenlaterne vor Ihrem Haus läßt ein Energiefeld ent-
stehen, das den Bereich vor Ihrem Gebäude stört (links). Das ist
verständlich, wenn das Licht nachts ständig blendet. Für den Feng
Shui-Fachmann haben der Laternenpfahl und sein ständiges
elektrisches Feld jedoch Tag und Nacht einen störenden Einfluß.
Wenn man unter Strommasten wohnt (oben), wird dieses
Problem extrem. Dies sollte um jeden Preis vermieden werden, da
neueste Gesundheitsstudien gezeigt haben, daß Menschen an
solchen Orten unter Leukämie und anderen Krebsarten leiden.*

Unterstützung und Druck

Ausübung von Druck
Gebäude üben unterschiedlichen Druck aufeinander aus. Ein größeres Gebäude (unten links) spielt die Rolle der Schildkröte bei den Fünf Tieren, und verleiht Gewicht, Unterstützung und Schutz für das vorn befindliche Gebäude.

Ein Kind zwischen zwei Riesen
Ein kleines Wohnhaus zwischen diesen beiden großen Gebäuden (rechts) ist wie ein kleines Kind zwischen zwei Riesen. Die größeren Strukturen unterstützen die Seiten des kleinen Hauses, aber ihre Hauptwirkung liegt sprichwörtlich darin, ihm Energie abzuziehen und von oben nach unten Druck auszuüben.

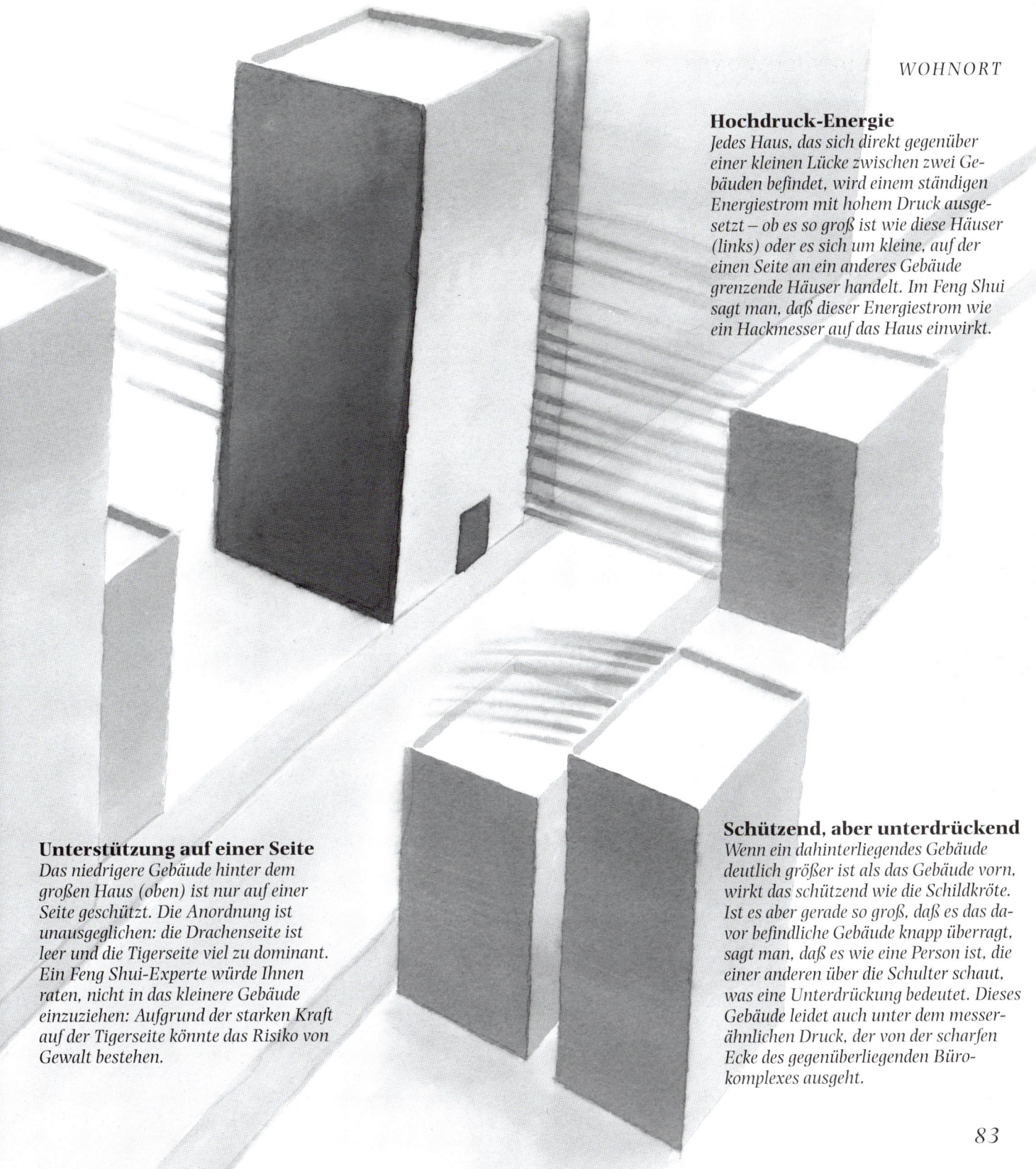

Hochdruck-Energie

Jedes Haus, das sich direkt gegenüber einer kleinen Lücke zwischen zwei Gebäuden befindet, wird einem ständigen Energiestrom mit hohem Druck ausgesetzt – ob es so groß ist wie diese Häuser (links) oder es sich um kleine, auf der einen Seite an ein anderes Gebäude grenzende Häuser handelt. Im Feng Shui sagt man, daß dieser Energiestrom wie ein Hackmesser auf das Haus einwirkt.

Unterstützung auf einer Seite

Das niedrigere Gebäude hinter dem großen Haus (oben) ist nur auf einer Seite geschützt. Die Anordnung ist unausgeglichen: die Drachenseite ist leer und die Tigerseite viel zu dominant. Ein Feng Shui-Experte würde Ihnen raten, nicht in das kleinere Gebäude einzuziehen: Aufgrund der starken Kraft auf der Tigerseite könnte das Risiko von Gewalt bestehen.

Schützend, aber unterdrückend

Wenn ein dahinterliegendes Gebäude deutlich größer ist als das Gebäude vorn, wirkt das schützend wie die Schildkröte. Ist es aber gerade so groß, daß es das davor befindliche Gebäude knapp überragt, sagt man, daß es wie eine Person ist, die einer anderen über die Schulter schaut, was eine Unterdrückung bedeutet. Dieses Gebäude leidet auch unter dem messerähnlichen Druck, der von der scharfen Ecke des gegenüberliegenden Bürokomplexes ausgeht.

83

Feng Shui im Stadtzentrum

Sie leben mitten in einer belebten Stadt. Sie wohnen im siebten Stock eines neunstöckigen Gebäudes. Direkt hinter Ihrem Gebäude ist ein sechzehnstöckiges Appartementgebäude. Zu Ihrer Linken befindet sich ein weiteres Gebäude, das nur etwas größer ist als das Haus, in dem Sie leben. Rechts ist eine Einkaufspassage mit kleinen Geschäften. Vor Ihrem Appartementhaus führt eine breite Straße entlang, und die Wohnhäuser auf der anderen Seite der Straße stehen ein Stück vom Gehsteig entfernt und haben einen großen Vorhof. Möglicherweise gibt es bei Ihrer Wohnung speziell etwas, das Sie nicht mögen, aber Sie fühlen sich mit der gesamten Umgebung in gewisser Weise verbunden. Kein Wunder: sie entspricht genau den wichtigsten Anforderungen des Modells von Höhle und Fluß (starker Schutz im Rücken und offener Raum vorn) und dem Modell der Fünf Tiere: die solide Schildkröte im Hintergrund, ein sich erhebender Drache zur Linken, ein niederer aktiver Tiger zur Rechten und Platz für Ihren Phönix, der vorausfliegt.

Formen und Blickrichtungen

Die Beziehung zwischen Formen und den Fünf Energien wurde in Teil I erklärt (siehe S. 36 – 37). Die energetischen Eigenschaften von Formen können eine deutliche Wirkung auf das Leben der Menschen haben, die in ihnen leben und arbeiten. So haben Sie ein ganz anderes Erleben in einem runden Raum, als wenn Sie in einem eckigen Raum sitzen. Ähnlich reagieren Sie auf einen Raum mit einer hohen geschwungenen Decke anders als auf einen Raum mit einer schrägen Decke. Die Wirkung von Formen – nicht nur auf Ihre Gefühle, sondern auch allgemein auf Ihr Leben – ist Teil der wertvollen Feng Shui-Weisheit. Hier ein Beispiel zur Wirkung von Dächern (siehe unten). Die Form eines Gebäudes oder Grundstückes ist ebenfalls von Bedeutung.

Die Umrisse beeinflussen die Beziehung zwischen dem abgegrenzten Bereich und der Energie des ihn umgebenden Raumes. Manche Formen ziehen Energie in bestimmte Bereiche der Struktur, andere stoßen sie ab. Wenn man dieses Prinzip einsetzt, ist es möglich, die günstigsten Punkte für Ihren Standort innerhalb dieses Raumes festzustellen. Die hereinkommende Energie kann für Sie hilfreich oder schädlich sein – was von vielen Faktoren abhängt. Das generelle Prinzip im Feng Shui lautet, daß es besser ist, die Bereiche zu vermeiden, in denen die Energie zu konzentriert ist, damit Sie nicht dem starken Aufprall negativer Einflüsse ausgesetzt sind.

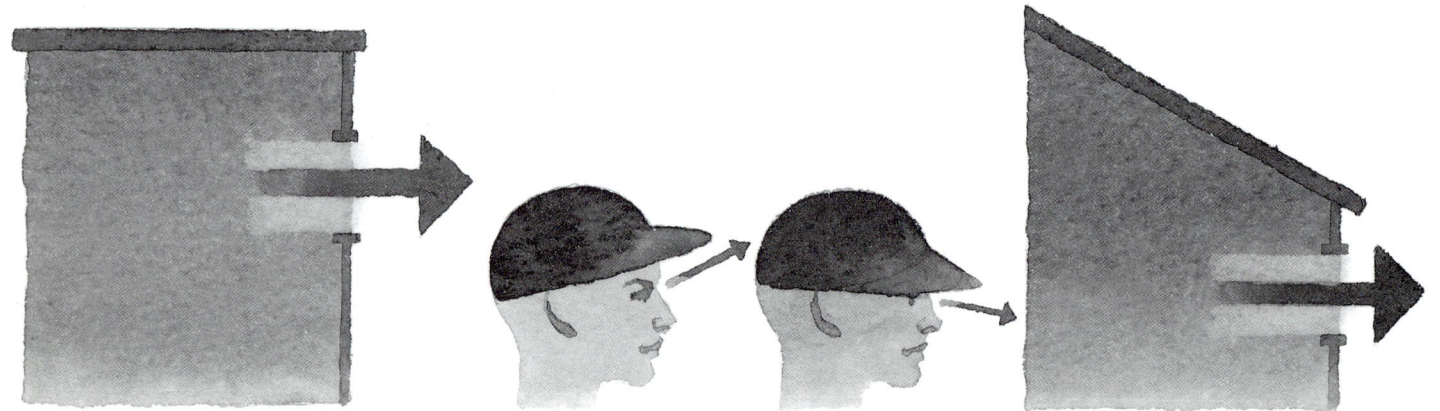

Eine klare Blickrichtung
Ein Haus braucht eine klare Blickrichtung, so wie eine Person ungehindert geradeaus sehen können muß. Ein Flachdach entspricht einer Person, deren Mütze gerade sitzt. Wenn Sie ein Satteldach über dem Kopf haben, ist das, als ob Sie den Mützenschild über die Augen gezogen haben. Im Feng Shui wird eine Familie, die in einem Haus mit Satteldach wohnt, nie vorankommen, und eine Nation, die unter solchen Dächern wohnt, wird in sich gekehrt sein und stagnieren.

Ein L-förmiges Haus

Die Energie fließt an einem L-förmigen Haus zusammen (links). Wenn sich dort die Eingangstür befindet, werden Unfälle passieren, und vieles andere wird schiefgehen. Wenn Sie sich Wohnungen in einem solchen Häuserblock ansehen, liegen Sie am besten, wenn Sie eine Wohnung an einem Ende des Gebäudes – durch hellere Felder gekennzeichnet – wählen, die sich von den konzentrierten Pfeilen weit entfernt befindet.

Konkave und konvexe Kurven

Eine gekrümmte Oberfläche, die konkav ist (links) wirkt wie ein Empfänger. Sie zieht Energie an. Wenn Sie ein Haus auf einem Stück Land mit dieser Form bauen, wären die sichersten Plätze an den beiden Enden, wobei der Eingang zur Mitte hin ausgerichtet ist. Eine nach außen gerichtete konvexe Kurve (oben) lenkt die Energie zurück: Selbst die Strahlen, die in der Mitte auftreffen, können nicht eindringen. Jeder Bereich innerhalb eines solchen Raumes ist relativ geschützt.

Ihre Eingangstür

Die Eingangsseite Ihres Hauses ist wie Ihr Gesicht. Ihre Eingangstür ist Ihr Mund. Sie sollten diesem lebenswichtigen Element Ihres Hauses größte Sorgfalt widmen. Es gibt zwei wichtige Punkte, auf die Sie ein Feng Shui-Experte hinweist. Der erste betrifft den Zufahrtsweg zu Ihrer Eingangstür. Versuchen Sie sicherzustellen, daß jeder Weg, jede Treppe oder Gang, der direkt zu Ihrer Tür führt, nicht einem geraden Pfeil, einem Pfosten oder einem Gewehrlauf ähnelt. Gerade Linien, die auf die Tür zuführen, sollen nach Möglichkeit vermieden werden. (Wenn Sie sich Mietwohnungen ansehen, betrachten Sie die Anordnung der Korridore im Gebäude so, als ob Sie die Energiebewegungen auf den Straßen wie auf S. 66 – 67 studieren.) Es stellt sich eine zweite wichtige Frage: Hat das Haus mehr als einen Vordereingang? Im Feng Shui betrachtet man Häuser mit zwei Eingangstüren wie Menschen mit zwei Mündern: unzuverlässig, verwirrt und streitsüchtig! Ein harmonisches Zuhause hat nur eine Eingangstür. Wenn Sie einen Hauseingang für behinderte Menschen entwerfen, gilt das gleiche Prinzip: eine Tür für die ganze Familie.

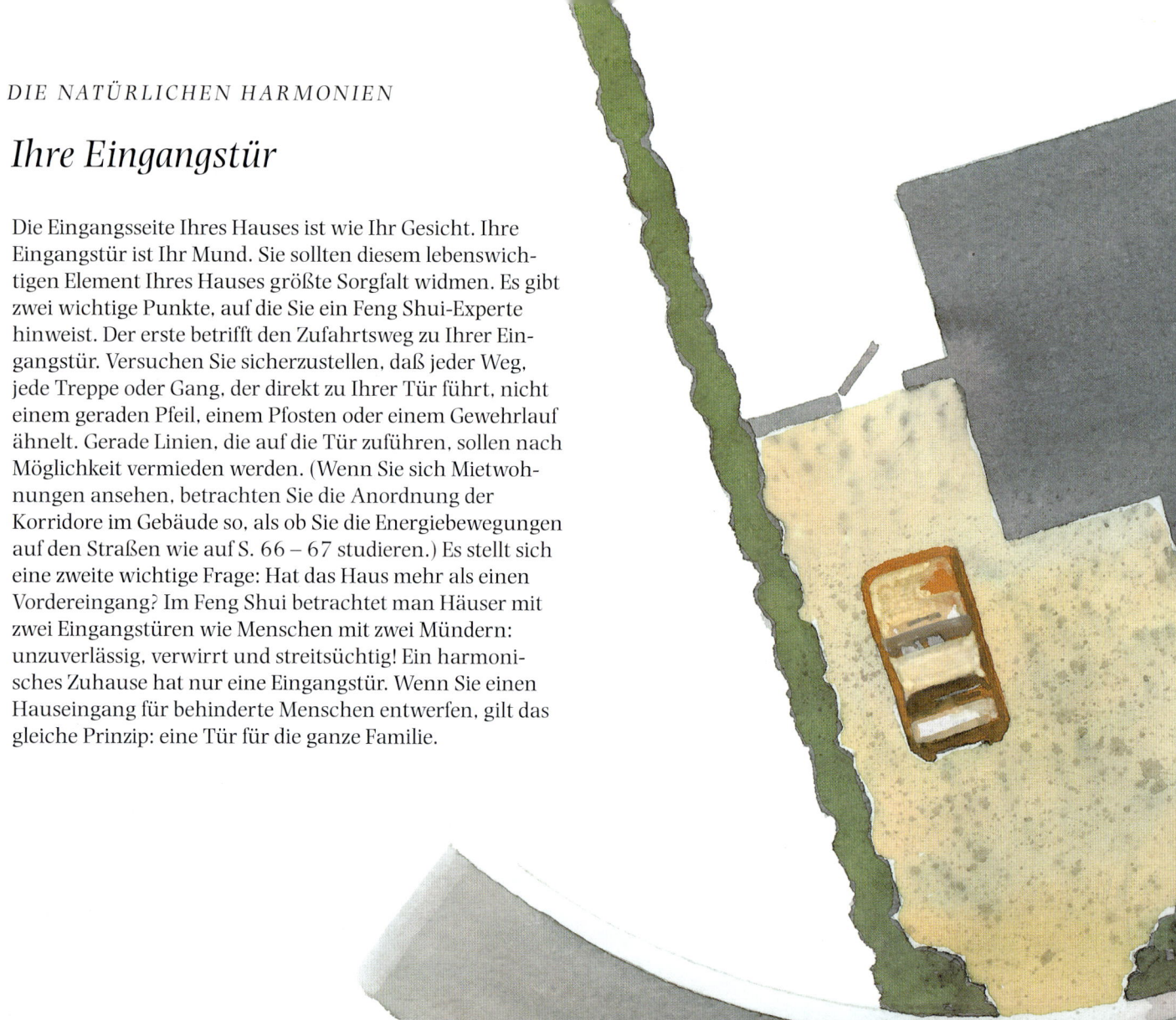

Eine geschützte Eingangstür
Der Teich (rechts) liegt an der Außenseite des kurvigen Zugangs. Die Anordnung schützt die Vordertür vor direkten »Energieangriffen« aus dem Winkel. Beachten Sie, daß sich das Haus auf der sicheren Seite der Straßenkurve vorn befindet.

Eine Kombination von Türen

Eine Drehtür, auf deren beiden Seiten sich normale Türen befinden (oben) ist häufig bei Hotels, Kaufhäusern und Theatern zu sehen. Für öffentliche Gebäude und andere Orte, wo sich Menschen nur kurzfristig aufhalten, ist das in Ordnung. Äußerst ungeeignet und sehr unwahrscheinlich wäre diese Kombination bei einem Privathaus.

»Ein Gesicht, ein Mund«

Das Prinzip »ein Gesicht, ein Mund« stimmt bei Wegen zu Haupteingängen (rechts). Häufig sieht man doppelte Zufahrten oder Treppenaufgänge, die aus verschiedenen Winkeln zum öffentlichen Gebäude hinführen. Für den Feng Shui-Experten ist das, als ob jemand zwei Zungen hätte – ein sicheres Rezept für wiederkehrende Streitigkeiten und Disharmonie unter denjenigen, die hier arbeiten.

Die Kraft des Steins

Alles in der Natur drückt seine eigene energetische Kraft aus. Es ist wesentlich, dies zu erkennen, um eine lebendige Umgebung zu schaffen, in der Yin und Yang ausgeglichen sind. Stein ist eine extrem kraftvolle Energieform, er ist das Metall der Fünf Energien. Man weiß nie genau, wie sich die Metallenergie verhalten wird, und die ungleichmäßige und eckige Form der meisten Gesteine bedeutet, daß sie oft einen störenden Einfluß auf die Zirkulation anderer Energien in der unmittelbaren Umgebung haben. Aus diesem Grund raten Feng Shui-Experten sehr von Steinen oder Steingärten am Hauseingang ab. Wenn Sie sich die Grundeigenschaften der Fünf Tiere ins Gedächtnis rufen, sollte der Bereich vor dem Haus offen sein, in sanften Formen verlaufen und keine Hindernisse aufweisen.

Felsen vor dem Haus
Betrachten Sie die Vorderseite dieses Hauses (rechts): Stellen Sie sich vor, es ist ein Gesicht. Sie können dann sehen, wie der »Mund« von den sich auftürmenden Steinhaufen blockiert wird. Das kann zwar sehr attraktiv aussehen, in den Augen des geübten Feng Shui-Praktikers sollte der Steingarten jedoch durch einen weichen Rasen ersetzt werden.

Ein gestörter Phönix

Selbst der in Kurven verlaufende Weg, der zur Eingangstür (links) führt, kann das grundlegende Problem nicht lösen, das durch die großen Steine verursacht wird, die den Phönixaspekt dieses Hauses stören.

Ein Eingang mit »gutem Feng Shui«

Die Position dieses Vogelbades aus Stein (oben) ist glückbringend. Der Weg teilt sich und führt in einer Kurve darum herum, und mündet dann in einem einzigen Zugang zur Eingangstür. Wenn sich auf der relativ offenen Vorderseite des Hauses etwas Wasser befindet, ist das »gutes Feng Shui«.

Ein blockierter Eingang

Eine Eingangstür ohne Hindernisse ist für die Gesundheit Ihres Zuhauses wichtig. Verbauen Sie Ihren Eingang nicht. Hier (links) befindet sich ein Holzstapel; Steine oder Ausrüstungsgegenstände würden ein ähnliches Problem schaffen.

Bäume und Kletterpflanzen

Die Chinesen haben schon immer die große Kraft von Bäumen erkannt. Sie gehören zu den größten Manifestationen der transformierenden Naturkraft. Wie bei allen Dingen ist es unsere Yin-/Yang-Beziehung zu ihnen, die ihre Wirkung bestimmt. Aus diesem Grund sollte man sorgfältig auf die Plazierung von Bäumen, Büschen und Kletterpflanzen um das Haus herum achten. Sträucher sollten nicht nur dekorativen Zwecken dienen – wie die Zeichnung auf diesen Seiten zeigt, hat jedes dieser reizenden kleinen Häuser ein Problem.

1. Der gerade Weg, der zur Eingangstür führt, bietet freie Bahn für den Aufprall von potentiell schädlicher Energie. Der große Baum befindet sich zu nahe an der Vorderseite des Hauses und stört den sanften Energiefluß auf dem ganz wichtigen freien Platz. Die großen Bäume hinten stehen zu nah. Sie werfen zuviel Schatten auf das Haus, und ihre Wurzeln können das Fundament schädigen.

2. Der gewundene Zugang ist im Vergleich zum Nachbarhaus eine echte Verbesserung, aber die beiden Büsche neben der Eingangstür erinnern an Kerzen, wie sie zu beiden Seiten von Ehrenmalen brennen. Ein einzelner oder zwei unterschiedlich hohe Büsche wären nicht problematisch.

3. Dieses kleine Haus hat mit seinem Eingang drei Probleme. Betrachten Sie den Zugang. Solange die Büsche ganz am Ende des Weges relativ niedrig bleiben, gibt es kein Problem, wenn sie aber in die Höhe wachsen dürfen, dann entsteht das Gefühl von einem Grab. Die Wände Ihres Hauses sind wie Ihre Haut: Kletterpflanzen beeinträchtigen die Atmung des Baumaterials, und die Bewohner selbst entwickeln oft Hautprobleme.

4. *Es wäre weitaus günstiger, wenn auf der linken Seite dieses Hauses ein Nachbarhaus angrenzen oder sich ganz in der Nähe ein Haus oder ein großer Baum befinden würde. So wie es da steht, ist seine Drachenseite völlig offen. Auch der an der Wand hochwachsende Busch beeinträchtigt wie die Kletterpflanze nebenan die »Haut« des Hauses.*

Ihr Schlafzimmer – Privatsphäre und Frieden

Die meisten von uns verbringen mindestens ein Drittel ihres Lebens im Schlafzimmer. In dieser Zeit schlafen wir. Dieser Teil unseres Leben ist für uns extrem wichtig. Wir brauchen einen guten, tiefen und erfrischenden Schlaf. Wir müssen träumen – klare und erholsame Träume.

Für viele Menschen ist das Schlafzimmer auch einer der intimsten Orte im Leben. Wir sind mit uns oder unseren Partnern allein. Es ist einer der Räume, in denen wir am häufigsten nackt und unverschönert sind. Es ist ein Ort für private Gespräche und Bettgeflüster. Wenn wir schlafen, sind wir oft am verletzlichsten.

Unser Schlafzimmer dient nicht nur als Privatsphäre, sondern auch als Refugium. Wir kommen oft hierher, um geschützt, sicher und in Frieden zu sein. Wir können unsere Probleme »überschlafen«, uns zusammenrollen, vom Streß des Tages abwenden – und die bewußten Aktivitäten des Gehirns abschalten und dem unbewußten Verstand freien Lauf lassen.

Wenn diese kostbaren Stunden des Schlafs und der Erholung gestört werden, kennen wir alle den schrecklichen Preis, den wir dafür zu zahlen haben. Wenn das Schlafzimmer kein Ort des harmonischen Zusammenlebens zwischen Mann und Frau, zwischen Partnern, Kindern oder Zimmergenossen ist, dann können die Konsequenzen für unser Zuhause verheerend sein – und wie oft haben wir gesehen, daß diese Zerstörung auf der emotionalen Ebene in unser übriges Leben eindringt! Wie Sie bereits gesehen haben, kann die Einrichtung eines beliebigen Raumes die grundlegenden Eigenschaften, die Sie dort haben sollten, entweder verstärken oder gefährden. Das gilt auch für das Schlafzimmer.

Welcher Raum ist friedlicher?
Zusätzlich zur Anordnung Ihrer Schlafzimmermöbel müssen alle anderen Aspekte des Raumes berücksichtigt werden – Wandfarben, Beleuchtung, Bodenbelag, Dekorationen, Verzierungen und Pflanzen. Wenn Sie diese beiden Aufnahmen von tatsächlich existierenden Schlafzimmern betrachten, bekommen Sie ein unmittelbares Gefühl dafür, welches friedvoller ist und die notwendigen Qualitäten besser lenkt, die Sie in diesem wichtigsten Raum Ihres Hauses benötigen.

Die Position Ihres Schlafzimmers

Es ist wichtig, wo in Ihrem Haus sich das Schlafzimmer befindet. Wenn Sie einen neuen Platz zum Leben kaufen oder mieten, sollten Sie die inneren Beziehungen zwischen Schlafzimmer und den restlichen Räumen genau beachten. Da die Energien des übrigen Hauses im wesentlichen durch die Schlafzimmertür in den Raum gelangen, ist es ganz wichtig, daß Sie besonders auf die Bereiche achten, zu denen hin sich die Tür öffnet.

Das mag Ihnen nicht allzu wichtig erscheinen, und die Möglichkeiten sind wahrscheinlich sowieso begrenzt.

Bedenken Sie jedoch, daß Sie sehr viel Zeit in Ihrem Schlafzimmer verbringen und von den subtilen Energieeinflüssen sehr stark beeinträchtigt werden können, die in diesen Raum eindringen und dort zirkulieren.

Sie wollen ein Schlafzimmer haben, das so sicher wie möglich ist, in dem Ihre Privatsphäre gesichert ist und ein minimales Risiko besteht, daß jemand hier eindringt oder ein Unglücksfall geschieht. Denken Sie daran, daß diese Eigenschaften noch wichtiger sind, wenn es dunkel ist und Sie schlafen.

Arbeitsbereich

Festes Bücherregal

Schlafbereich

Transportabler Paravent

Wie man das Problem eines offenen Raumes löst

Vielleicht hat das Schlafzimmer keine Tür, oder es gibt nur einen offenen Raum. Dadurch sind Sie möglicherweise während des Schlafens vielen ungünstigen Einflüssen ausgesetzt, und Sie stellen eventuell fest, daß Ihnen ein sicherer, ruhiger Erholungsort fehlt. Entsprechend dem Feng Shui sollten Sie versuchen, ein separates Schlafzimmer mit einer Tür zu haben. Wenn das nicht möglich ist, sollten Sie versuchen, Ihren Platz so zu gestalten, daß der Schlafbereich klar abgegrenzt ist und nachts durch eine Barriere wie zum Beispiel ein Bücherregal oder einen Paravent geschützt ist.

Die Schlafzimmertür

Sie sollten der Beziehung zwischen Ihrer Schlafzimmertür und anderen Türen oder Öffnungen in Ihrem Haus besondere Aufmerksamkeit schenken. Energien können leicht von einem Raum zum anderen fließen, wenn eine direkte Bewegungslinie durch die Türen verläuft. In manchen Häusern liegt die Tür zum Schlafzimmer in einer direkten Linie zur Eingangstür. Dies ist eine besonders unsichere Anordnung. Denken Sie daran, daß das Schlafzimmer einer der am weitesten innen gelegenen, privaten Orte sein sollte. In anderen Häusern findet man manchmal die Schlafzimmertür direkt gegenüber der Badezimmer- oder Küchentür. Diese Anordnung ist unpassend, da das Schlafzimmer damit zu einer Angriffsfläche für Gerüche, Dämpfe oder giftige Energien wird.

Die Fünf Tiere im Schlafzimmer

Menschen, die ein wenig über Feng Shui gehört haben, fragen oft: »Wie sollte ich mein Schlafzimmer einrichten?« Wenn Sie auf die widersprüchlichen Ratschläge hören, die Sie erhalten, kann das leicht zu Verwirrung führen. Wenn Sie einen Feng Shui-Berater bitten, Ihnen beim Einrichten Ihres Schlafzimmers zu helfen, fragt er Sie wahrscheinlich nach Ihrem Geburtstag etc. aufgrund der neun Aspekte des Feng Shui, die in Teil I dieses Buches erläutert wurden. Trotzdem gibt es auch ohne den Rat eines Experten einige allgemeine Grundprinzipien, die Sie anwenden können.

Sie haben bereits gesehen, wie Sie anhand des Schemas der Fünf Tiere (siehe S. 38 – 39) beurteilen können, ob ein Platz für Ihr Zuhause passend ist. Hier können Sie sehen, wie es auf Ihr Schlafzimmer angewendet wird. Sie sind immer die Schlange im Zentrum.

Die Position Ihres Bettes ist am wichtigsten. Ob Sie sich dessen nun bewußt sind oder nicht – Sie haben ein gewisses Sicherheitsbedürfnis, wenn sich Ihr Bewußtsein im Ruhezustand befindet. Wenn sich Ihr Bett in einer ungünstigen Position befindet, ist Ihr Nervensystem immer in Alarmbereitschaft. Achten Sie auf Ihre Schildkrötenseite, nämlich den Bereich direkt hinter Ihrem Kopf. Stellen Sie sicher, daß sich hier eine feste Wand befindet.

Als nächstes ist der Bereich vor Ihnen von Bedeutung: Ihr Phönixaspekt. Lassen Sie am Fuß Ihres Bettes soviel Platz wie möglich.

Links von Ihrem Bett befindet sich die Drachenseite – die ideale Position für große Gegenstände wie Kleiderschrank oder Regale. Ihre rechte Seite, die Tigerseite, ist für niedrige Möbel wie Nachtisch oder eine Truhe am günstigsten.

Betten und Türen

Das Bild unten spricht für sich selbst. Keine Tür, keine Privatsphäre. Sie könnten fast sagen »keine Tür, kein Raum«. Ein paar Nächte können Sie in einer solchen Hotelsuite leben, aber diese Anordnung entspricht nicht den Anforderungen eines Ortes, an den Sie sich sicher für die Nacht zurückziehen können. Ihr inneres Wesen wird in Alarmbereitschaft bleiben.

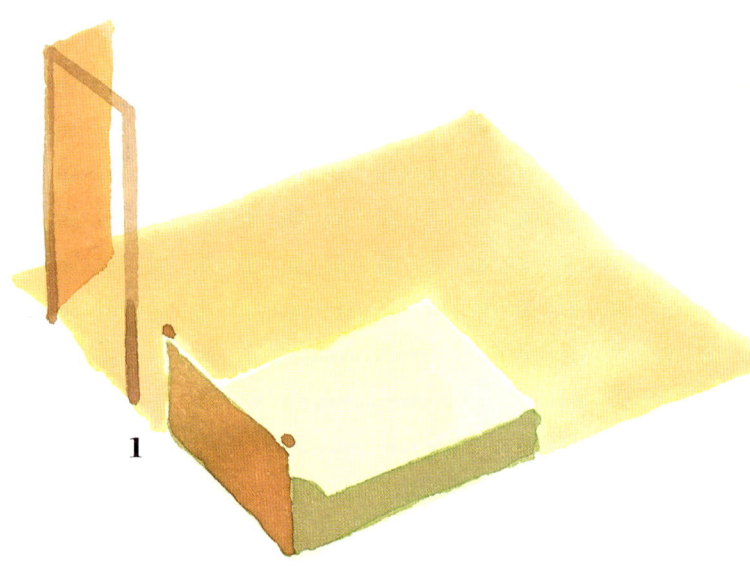

Die anderen sechs Zeichnungen zeigen Ihnen, wo Sie Ihr Bett hinstellen sollten – und wohin nicht – je nach Schlafzimmertür. Stellen Sie es nicht an die Wand auf der Türseite, von wo aus Sie nicht sehen können, wer den Raum betritt, bis derjenige wirklich im Raum ist (**1**), und auch nicht in die Mitte des Raumes gegenüber von der Tür, es wäre zu ungeschützt (**2**). Plazieren Sie es nicht direkt gegenüber der Tür, wo es sich in direkter Linie zur eindringenden Energie befindet (**3** und **4**).

Die letzten beiden Positionen (**5** und **6**) sind geeignet, da sie sich nicht in der eindringenden Energielinie befinden, es Ihnen aber noch möglich ist, die Tür bequem einzusehen.

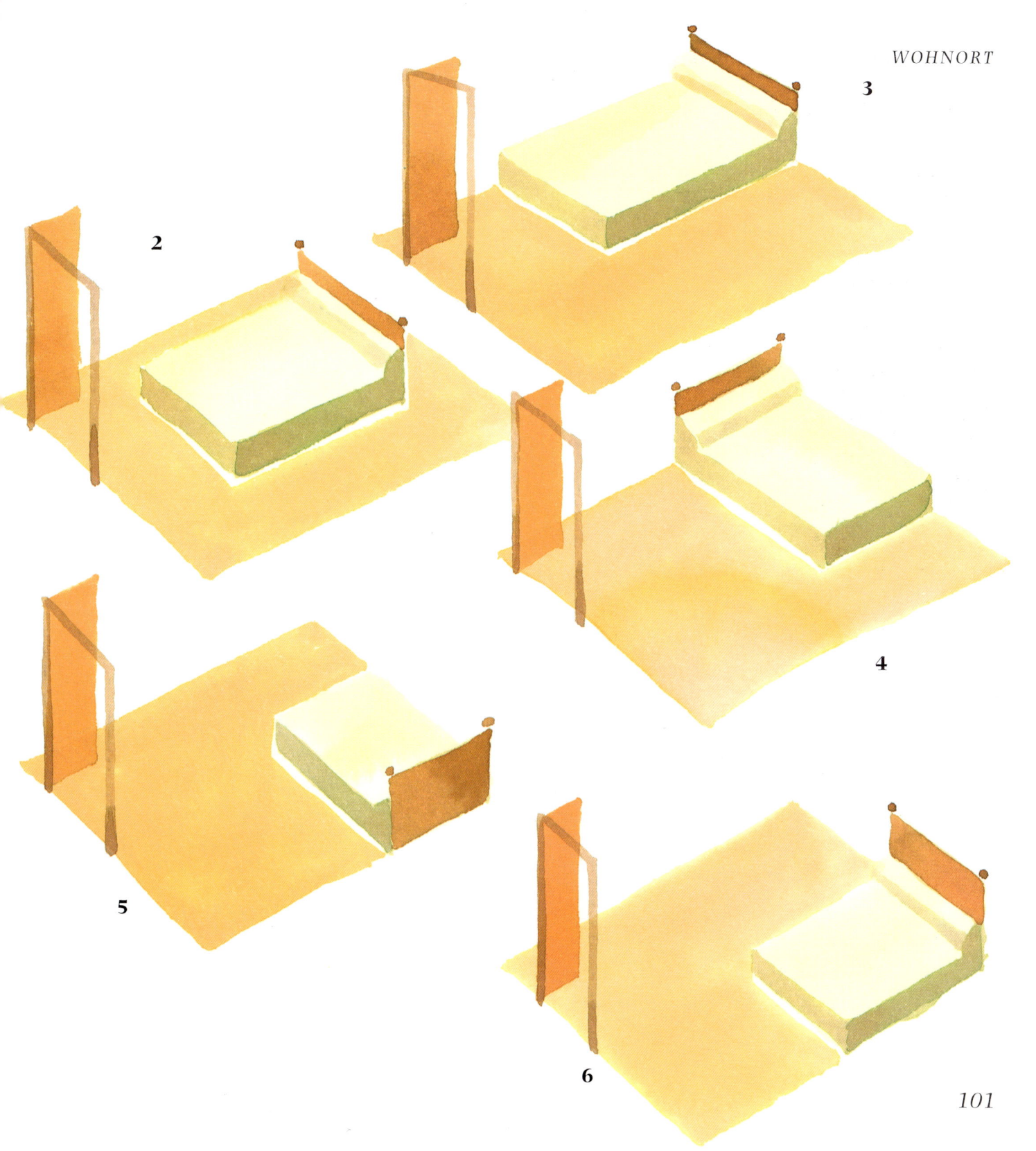

3

2

4

5

6

Fenster und Betten

Einer der Hauptfaktoren, die bestimmen, wie die Energie in Ihrem Schlafzimmer fließt, ist die Ausrichtung von Fenstern und Türen (siehe S. 44 – 45). Daher ist es sehr wichtig, die relativen Positionen von Fenster und Tür zu berücksichtigen, wenn Sie entscheiden, wo Ihr Bett stehen soll. Sie wollen es vermeiden, im »Energiedurchzug« zu schlafen, gleichzeitig wollen Sie nicht in einem zu stagnierenden Bereich des Raumes sein. Falls die Position der Fenster ein Problem sein sollte, besteht eine einfache Lösung darin, die Vorhänge zuzuziehen oder die Jalousien herunterzulassen, wenn Sie im Bett liegen.

Ständiger Strom
Wenn die Energie in den Raum (oben) eindringt, bewegt sie sich hinüber zu den Fenstern und erzeugt dadurch einen ständigen Energiestrom über dem Bett.

Energie fließt durch
Die Energie dringt durch die Tür (oben) und entweicht direkt durchs Fenster, das vom Boden bis zur Decke reicht. Das Bett hat im Hinblick auf die Tür eine ungünstige Position (siehe S. 100 – 101).

Günstige Bettposition
Das Bett befindet sich nicht neben dem Fenster (rechts), so daß es von Energieströmen, die hierdurch verlaufen, weniger beeinträchtigt wird.

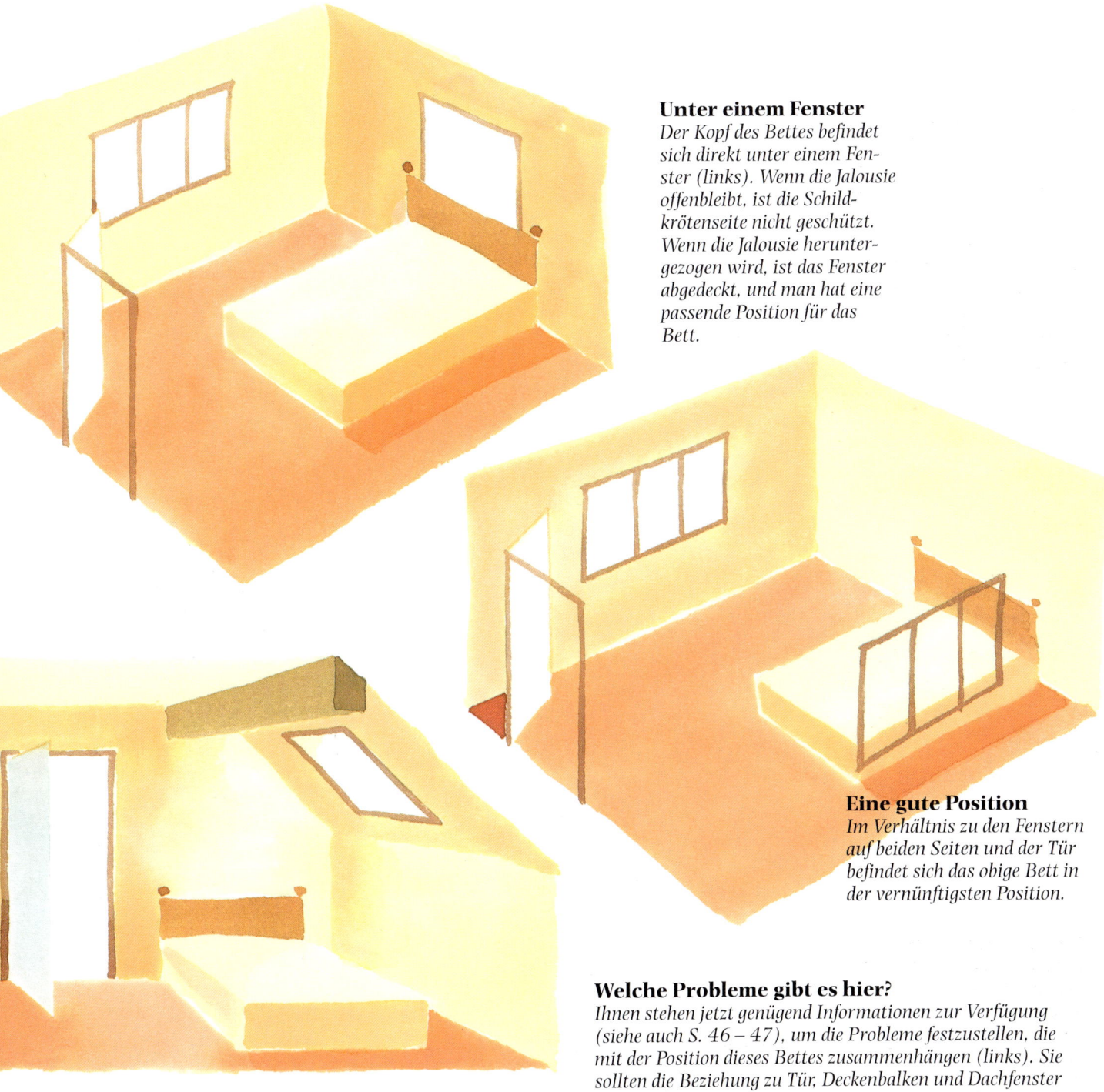

Unter einem Fenster

Der Kopf des Bettes befindet sich direkt unter einem Fenster (links). Wenn die Jalousie offenbleibt, ist die Schildkrötenseite nicht geschützt. Wenn die Jalousie heruntergezogen wird, ist das Fenster abgedeckt, und man hat eine passende Position für das Bett.

Eine gute Position

Im Verhältnis zu den Fenstern auf beiden Seiten und der Tür befindet sich das obige Bett in der vernünftigsten Position.

Welche Probleme gibt es hier?

Ihnen stehen jetzt genügend Informationen zur Verfügung (siehe auch S. 46 – 47), um die Probleme festzustellen, die mit der Position dieses Bettes zusammenhängen (links). Sie sollten die Beziehung zu Tür, Deckenbalken und Dachfenster berücksichtigen.

Die Kraft der Spiegel

Es ist ein verbreiteter Fehler, sich einen Spiegel als inaktiven Gegenstand vorzustellen, als nützliches Werkzeug wie einen Schraubenzieher. Spiegel wirken jedoch ständig – nicht nur, wenn wir daran vorbeigehen und hineinsehen. Sie verstärken das Bild von allem, was sie reflektieren. Denken Sie daran, was geschieht, wenn Sie eine elektrische Taschenlampe oder ein Blitzgerät nachts auf einen Spiegel richten. Das Licht, das auf Sie zurückfällt, blendet weitaus mehr als der bloße Lichtstrahl der kleinen Birne.

Die erste Regel lautet daher: Hängen Sie nie einen Spiegel direkt gegenüber von Ihrer Schlafzimmertür auf (**1**). Er wird die hereinkommende Energie direkt zur Tür zurückreflektieren, wodurch permanente Störungsmuster am Schlafzimmereingang entstehen, was ein sanftes Zirkulieren innerhalb des Raumes verhindert.

1

4

5

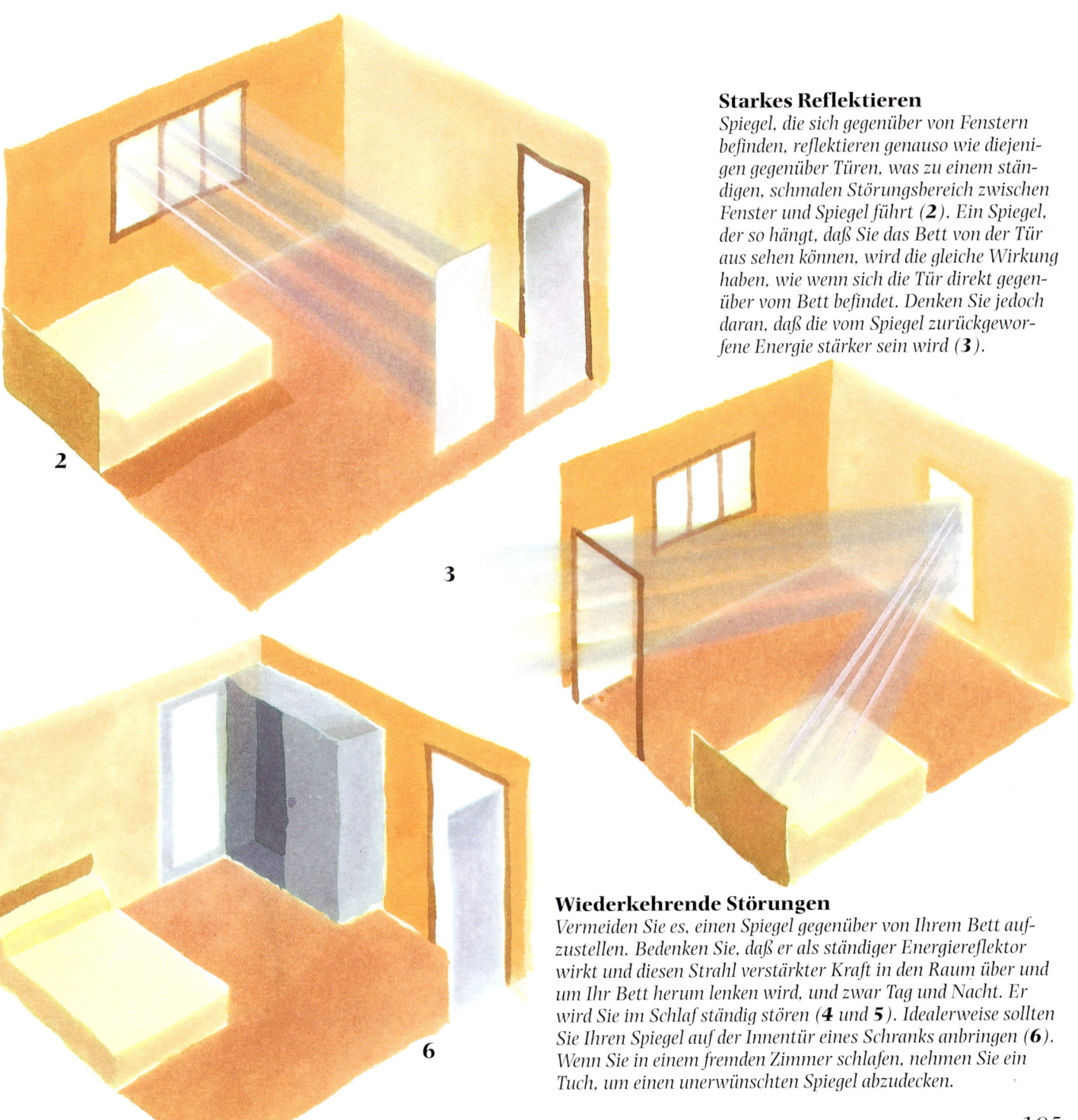

Starkes Reflektieren

*Spiegel, die sich gegenüber von Fenstern befinden, reflektieren genauso wie diejenigen gegenüber Türen, was zu einem ständigen, schmalen Störungsbereich zwischen Fenster und Spiegel führt (**2**). Ein Spiegel, der so hängt, daß Sie das Bett von der Tür aus sehen können, wird die gleiche Wirkung haben, wie wenn sich die Tür direkt gegenüber vom Bett befindet. Denken Sie jedoch daran, daß die vom Spiegel zurückgeworfene Energie stärker sein wird (**3**).*

Wiederkehrende Störungen

*Vermeiden Sie es, einen Spiegel gegenüber von Ihrem Bett aufzustellen. Bedenken Sie, daß er als ständiger Energiereflektor wirkt und diesen Strahl verstärkter Kraft in den Raum über und um Ihr Bett herum lenken wird, und zwar Tag und Nacht. Er wird Sie im Schlaf ständig stören (**4** und **5**). Idealerweise sollten Sie Ihren Spiegel auf der Innentür eines Schranks anbringen (**6**). Wenn Sie in einem fremden Zimmer schlafen, nehmen Sie ein Tuch, um einen unerwünschten Spiegel abzudecken.*

Kopfschmerzen und Störungen

Viele Menschen wachen morgens auf und fühlen sich sehr schlecht. Oft klagen sie über Kopfschmerzen, oder sie fühlen sich, als ob sie in dieser Nacht Kopfschmerzen gehabt hätten. Beschwören können sie es nicht, aber sie wissen, daß sie eine schlechte Nacht gehabt haben.

Dafür kann es zahlreiche Gründe geben – es liegt nicht allein am Standort ihres Hauses oder der Anordnung von Räumen und Möbeln. Eine einfache Neuanordnung wird nicht notwendigerweise das Problem lösen. Andererseits können Sie sich in Ihrem Schlafzimmer umsehen, ob es irgendwelche Ursachen gibt, die zu schlechtem Schlaf beitragen könnten. Beispielsweise verursachen eventuell einige Gegenstände aus der Sicht des Feng Shui echte Probleme.

Bettkästen
Bettkästen sind praktisch und eine gute Lösung. Sie sollten für Gebrauchsgegenstände wie Betten, Handtücher und Decken verwendet werden. Eine niedrige Truhe am Fuß Ihres Bettes ist auch gut.

Eingebaute Kästen zur Aufbewahrung
Bei Komplettschlafzimmern (rechts) gibt es oft eine Aufbewahrungsmöglichkeit am Kopf des Bettes zusammen mit einem Wandspiegel. Der Spiegel paßt nicht (siehe S. 104 – 105), und obwohl sich hinter dem Kopf etwas Festes befinden sollte, sollten Sie versuchen, den unmittelbaren Bereich hinter sich frei von Gegenständen und Dekorationen zu halten. Damit Sie Ihre Ruhe haben, sollte der Platz frei sein. Haben Sie übrigens das Problem des Fensters ohne Vorhänge gegenüber vom Bett entdeckt (s. S. 102 – 103)?

Eingeschlossener Kopfbereich

Wenn Sie aus der Vogelperspektive direkt in diesen Raum schauen könnten, würden Sie den Kopf der Schläfer nicht sehen, da der gesamte Kopfbereich vom Schrank eingeschlossen ist. Während es gut ist, die Stabilität der »Schildkrötenseite« zu haben, bewirken die überhängenden Schränke genau wie ein Deckenbalken einen ständigen Druck nach unten (siehe S. 46 – 47).

Lösung für einen Überhang

Wenn Sie überhängende Bücherregale haben (rechts), können Sie Ihr Bett verstellen. Eine weite Lösung wäre, die ganze Wand für Regale zu nutzen und die Lücke mit einem großen Schrank mit Schiebetüren zu füllen. Dadurch würden Sie vermeiden, daß Sie mit Ihrem Kopf unterhalb der Regale liegen, was problematisch wäre.

Der Stil Ihres Schlafzimmers

Die richtige Mischung von Gegenständen und Materialien in Ihrem Schlafzimmer ist wichtig. Wenn Sie entscheiden, wie Sie einen beliebigen Raum einrichten, tapezieren und was Sie dort aufstellen, so müssen Sie unbedingt den Hauptzweck des Raumes berücksichtigen.

Der gesamte Stil Ihres Schlafzimmers muß daher die Bedeutung dieses Bereichs widerspiegeln, in den sich Ihr gesamtes Wesen (Körper und Geist) zur Erholung begibt. Dies ist ein unentbehrlicher Aspekt des sich ständig wiederholenden Prozesses von Yin und Yang (siehe S. 18 – 23). Wenn Sie das nicht respektieren, wird ein essentieller Gleichgewichtsaspekt Ihres Lebens aus der Bahn geraten.

Grabstein-Kopfteil
Man braucht nicht viel Phantasie, um zu erkennen, daß das Kopfteil dieses Bettes (oben) einem Grabstein ähnelt. Solche Ähnlichkeiten würden einem Feng Shui-Experten sofort ins Auge stechen und Ihnen raten, einen anderen Stil zu wählen.

Pflanzen im Schlafzimmer
Während des Tages nehmen Pflanzen Kohlendioxyd auf und produzieren Sauerstoff. Daher machen Pflanzen und Blumen um ein Krankenbett herum (links) tagsüber Sinn. Nachts kehrt sich dieser Stoffwechsel jedoch um, und die Pflanzen ringen mit uns um Sauerstoff. Stellen Sie nicht zuviele Pflanzen im Schlafzimmer auf. Wenn Sie krank sind, entfernen Sie die grünen Geschenke nachts aus dem Zimmer.

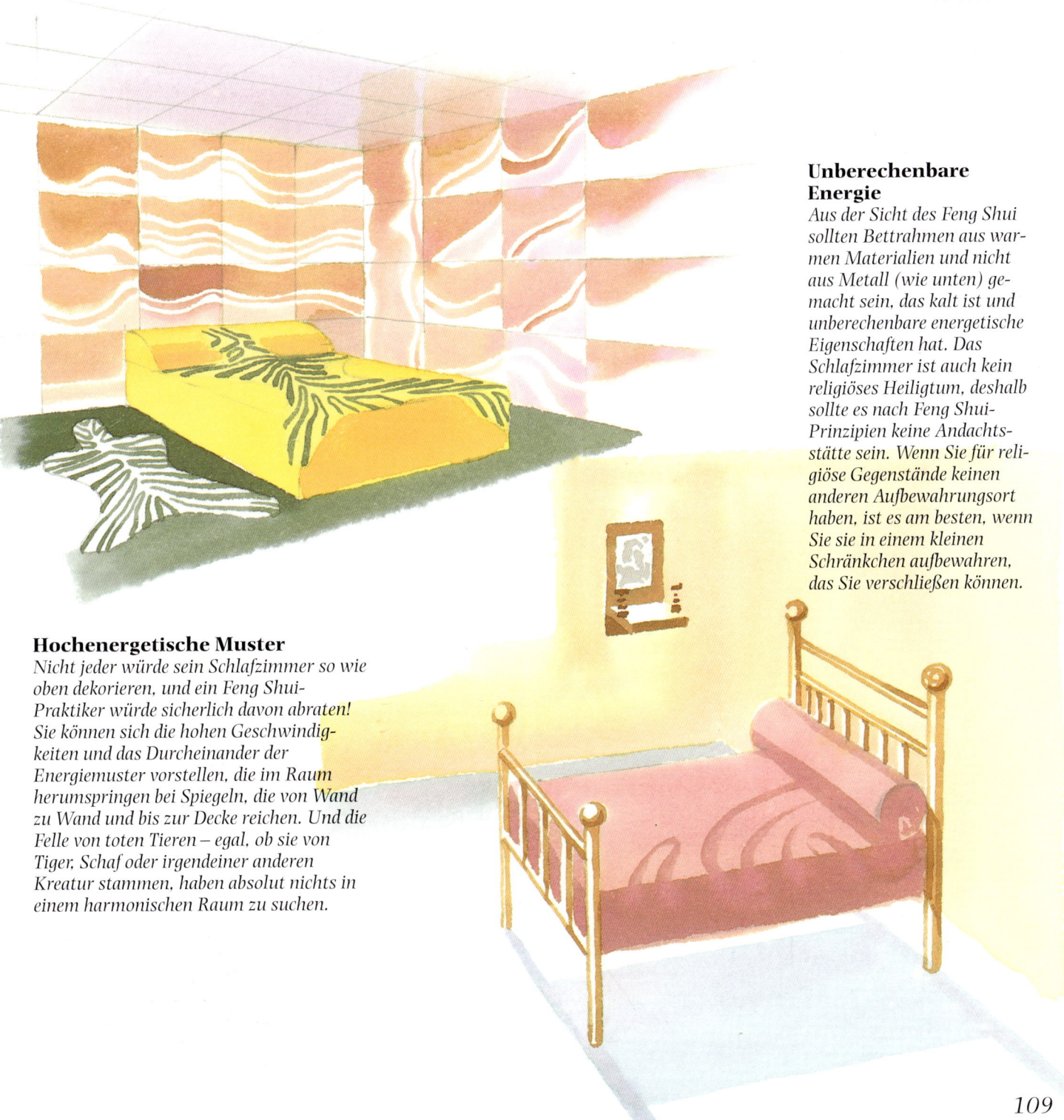

Unberechenbare Energie

Aus der Sicht des Feng Shui sollten Bettrahmen aus warmen Materialien und nicht aus Metall (wie unten) gemacht sein, das kalt ist und unberechenbare energetische Eigenschaften hat. Das Schlafzimmer ist auch kein religiöses Heiligtum, deshalb sollte es nach Feng Shui-Prinzipien keine Andachtsstätte sein. Wenn Sie für religiöse Gegenstände keinen anderen Aufbewahrungsort haben, ist es am besten, wenn Sie sie in einem kleinen Schränkchen aufbewahren, das Sie verschließen können.

Hochenergetische Muster

Nicht jeder würde sein Schlafzimmer so wie oben dekorieren, und ein Feng Shui-Praktiker würde sicherlich davon abraten! Sie können sich die hohen Geschwindigkeiten und das Durcheinander der Energiemuster vorstellen, die im Raum herumspringen bei Spiegeln, die von Wand zu Wand und bis zur Decke reichen. Und die Felle von toten Tieren – egal, ob sie von Tiger, Schaf oder irgendeiner anderen Kreatur stammen, haben absolut nichts in einem harmonischen Raum zu suchen.

Licht und Farben

Licht ist Energie in einer ihrer offensichtlichsten Formen. Was wir als Farbe wahrnehmen, ist natürlich auch Licht. Seine Kraft ist unberechenbar, und doch nehmen es die meisten von uns fast als selbstverständlich hin. Sie müssen nur über das Geheimnis der Dämmerung und des langsamen Schauspiels des Sonnenuntergangs nachdenken, um zu verstehen, wie voll und ganz Licht und Farbe die gesamte Welt, unsere Wahrnehmung und unser eigenes Leben transformieren. Gleichermaßen sind Licht und Farbe in unseren Häusern ein integraler Bestandteil unserer Lebensqualität – und ein wichtiger Faktor, um auf das Zwischenspiel von Yin und Yang Einfluß zu nehmen. Verändern Sie die Farben der Wände oder Türen, hängen Sie neue Lampen auf, und Ihr Zuhause sieht anders aus. Daher nimmt der Feng Shui-Praktiker die Beleuchtung natürlich sehr ernst, und warnt auch vor falscher Beleuchtung und Farben.

Deckenbeleuchtung
Eine solche Lampe überträgt einen kraftvollen Energiestrom, der sich über das Bett ergießt. Feng Shui-Experten würden Ihnen raten, diese Anordnung zu vermeiden, insbesondere, wenn sich das Licht über dem Kopfende des Bettes befindet. Selbst wenn das Licht ausgeschaltet ist, wirkt der elektrische Schaltkreis und beeinträchtigt auf subtile Art und Weise die Energiebewegungen in diesem Bereich und insbesondere nach unten hin.

Licht im Kopfbereich
Zwei Lampen am Kopfende des Bettes können praktisch fürs Lesen sein, aus der Sicht des Feng Shui wird das jedoch als potentielle Gesundheitsgefährdung betrachtet. Leselampen sollten sich neben dem Bett befinden.

110

Sanfte Töne

Diese sind für Ihr Schlafzimmer ideal – warme Rosa- und zarte Pfirsichtöne. Sie finden diese am Ende des Rotspektrums und ebenfalls in den Abtönungen von Weiß – wie Eierschale, Magnolie, Beige und Zartbeige. Ganz sanfte Lilaschattierungen, helles Magenta und Violettöne sind ebenfalls für das Schlafzimmer geeignet, solange sie eine sanfte, entspannende Wirkung haben. Kräftiges Rot und Orange sind zu stark und nicht für die Inneneinrichtung geeignet.

Gelb und kräftige Erdtöne

Diese sind gut für die Küche und entsprechen vollkommen dem System der Fünf Elemente, sind jedoch für Ihr Schlafzimmer, Wohnzimmer oder Bad unpassend.

Das Ende des Blauspektrums...

... ist als Raumfarbe im Feng Shui nicht geeignet. Dunkle Blautöne, die Farben von tiefem Wasser, sind besonders zu meiden. Manchmal ist die Verwendung eines zarten Blaus im Wohnzimmer akzeptabel, es bewirkt jedoch, daß sich die Menschen zurückziehen und nach innen gehen.

Helle Grüntöne

Dies sind kühle Farben, die auf die Augen entspannend wirken. Sie können sie im Schlafzimmer, im Wohnzimmer und Bad verwenden. Dunkle Grüntöne sind jedoch zu schwer und für zu Hause im allgemeinen nicht zu empfehlen.

Reines Brillantweiß...

... ist für Zimmerwände nicht zu empfehlen. Creme, warme Pastelltöne und Beige sind für fast jedes Zimmer passend. Die wärmeren Töne sind am besten für Schlafzimmer, Wohnzimmer und Küche geeignet. Kühlere Farben können Sie im Bad und anderen Allzweckräumen verwenden.

Dies sind sehr allgemeine Ratschläge, die nicht als feste Regeln angesehen werden sollten. Wenn Sie einen Feng Shui-Fachmann für die Einrichtung Ihres Hauses zu Rate ziehen, können Sie ganz andere Anweisungen erhalten – die sie auch befolgen sollten, denn dieser Rat wird an Ihre speziellen Umstände und die momentanen Bedingungen angepaßt sein.

Ihr Wohnzimmer: Nehmen Sie Platz

Wenn Sie Ihr Wohnzimmer einrichten, sollten Sie Ihr Hauptaugenmerk auf den Sitzbereich legen. Nach der Feng Shui-Tradition ist das der Ort, an dem das Familienoberhaupt oder die -oberhäupter normalerweise sitzen, wenn sie diesen Raum benutzen. In vielen Wohnungen steht hier das Sofa, die Couch oder Ihr Lieblingsstuhl. Auf den Zeichnungen repräsentiert das Sofa diesen Platz. Ein häufiger Fehler liegt darin, daß zwischen Sofa und Wand zuviel Platz gelassen wird und man daher von hinten verletzlich ist (1 und 4). Wenn sich die Tür hinter Ihnen öffnet oder sich in Ihrem Rücken ein Fenster befindet, verschlimmert das die Sache noch (**1** und **2**). Es ist genauso unklug, das Sofa so zu stellen, daß seitlich von Ihnen die Tür ist (2 und 5). Sie sollten es vermeiden, das Sofa direkt gegenüber von der Tür zu plazieren, da Sie dann einem in das Zimmer eindringenden Energiestrom ausgesetzt sind, der wie ein Strahl auf Sie gerichtet ist (**3**).

1

Der beste Platz
In diesem Raum ist der beste Platz für das Sofa in Richtung der Ecke, weg von Tür und Fenster (rechts). Hier können Sie mit dem Rücken zur Wand bequem sitzen, ohne daß sie von der Tür her gestört werden. Sie haben die Kontrolle über den gesamten Raum. Das Sofa muß die beiden Wandecken nicht berühren, solange es mit dem Rücken zu einer der Wände steht. So könnte beispielsweise in der Ecke zwischen einer Wand und der Armlehne des Sofas ein kleiner Beistelltisch stehen.

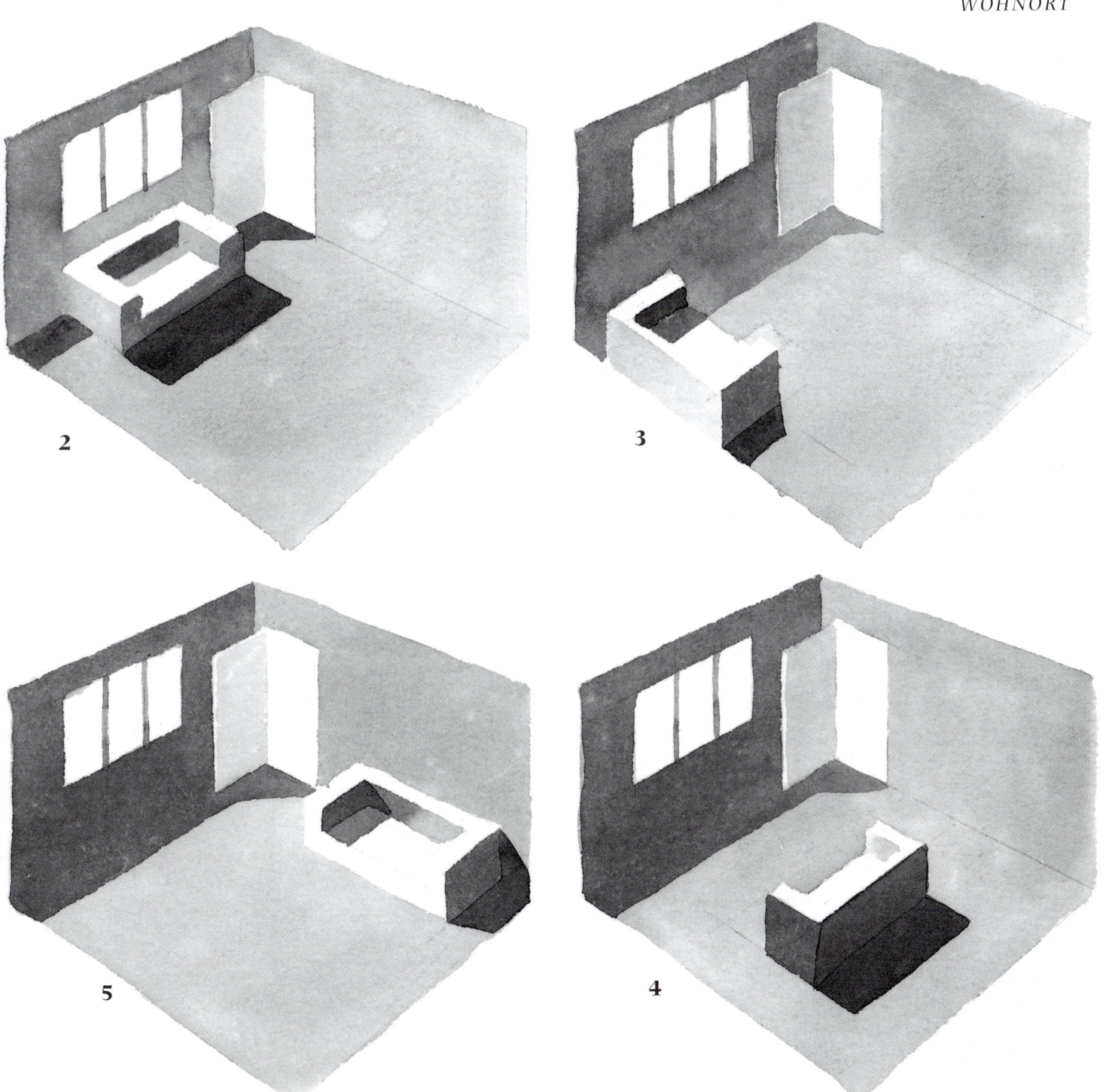

2

3

5

4

Feng Shui im offenen Raum

Nehmen wir an, daß Sie kein separates Wohnzimmer haben, sondern in einer Wohnung oder einem Studio wohnen müssen, in dem Sie eine Reihe von Funktionsbereichen in einem relativ offenen Raum unterzubringen haben. Sie können immer noch die Feng Shui-Prinzipien anwenden, wie das die Bewohner dieses Einzimmerappartements getan haben. Die Küche (ganz unten rechts) ist durch Falttüren in den zwei Durchgangsbereichen etwas abgetrennt; der Eßbereich ist leicht zugänglich, aber vom Wohnzimmerbereich etwas entfernt (Mitte rechts). Ein großer dekorativer Paravent soll hinter dem Sofabereich eine »Wand« schaffen, so daß der Raum begrenzt und geschützt ist. Der Fernseher (oben) steht vor dem Sitzbereich, befindet sich aber in einem Schrank, so daß die Fenster dahinter das Fernsehen tagsüber nicht beeinträchtigen. Der kleine Bürobereich (Mitte) ist sorgfältig arrangiert worden, so daß ein Bücherregal als Rückenwand hinter dem Schreibtischstuhl dient und das andere ausreichend weit entfernt steht, damit sich hinter dem Schreibtisch noch genug Platz befindet.

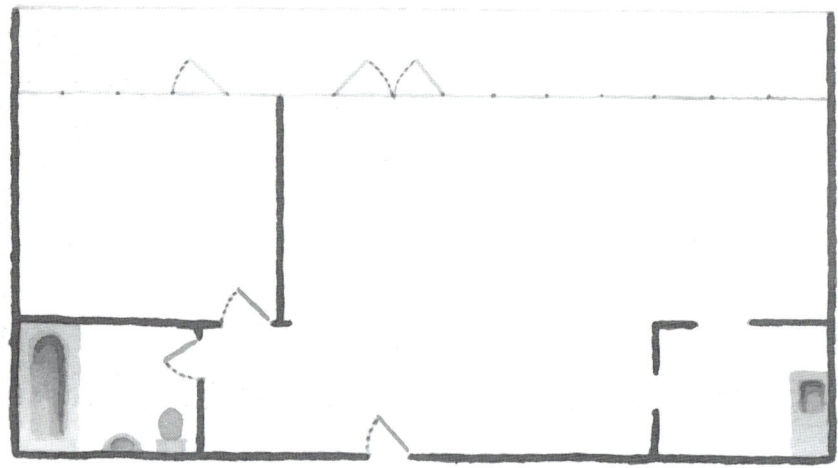

Leben im Raum

Um Ihren Wohnraum bestmöglich einzurichten, sollten Sie sich bewußt machen, daß Sie im »Raum« leben. Wie Sie in Teil I (S. 16 – 17) gesehen haben, sind die scheinbar festen Gegenstände um Sie herum Energiefelder, und Sie brauchen nur dafür offen zu sein, was im Raum zwischen ihnen passiert. Im Erdgeschoß dieses Hauses (oben), kommt die Energie durch die Haustür herein (untere rechte Ecke) und wird, wenn die Glastüren im Wohnraum offen sind, gleich wieder hinausströmen. Sonst zirkuliert die Energie durch das Wohnzimmer und die anderen damit verbundenen Räume. Die Vorhänge an den gegenüberliegenden Wänden sind geschlossen (oben), deswegen gibt es die ruhigen Energieströme. Wenn Sie das alles in Betracht ziehen, können Sie sich überlegen, wo Sie sich am besten hinsetzen – und wo Sie es vermeiden.

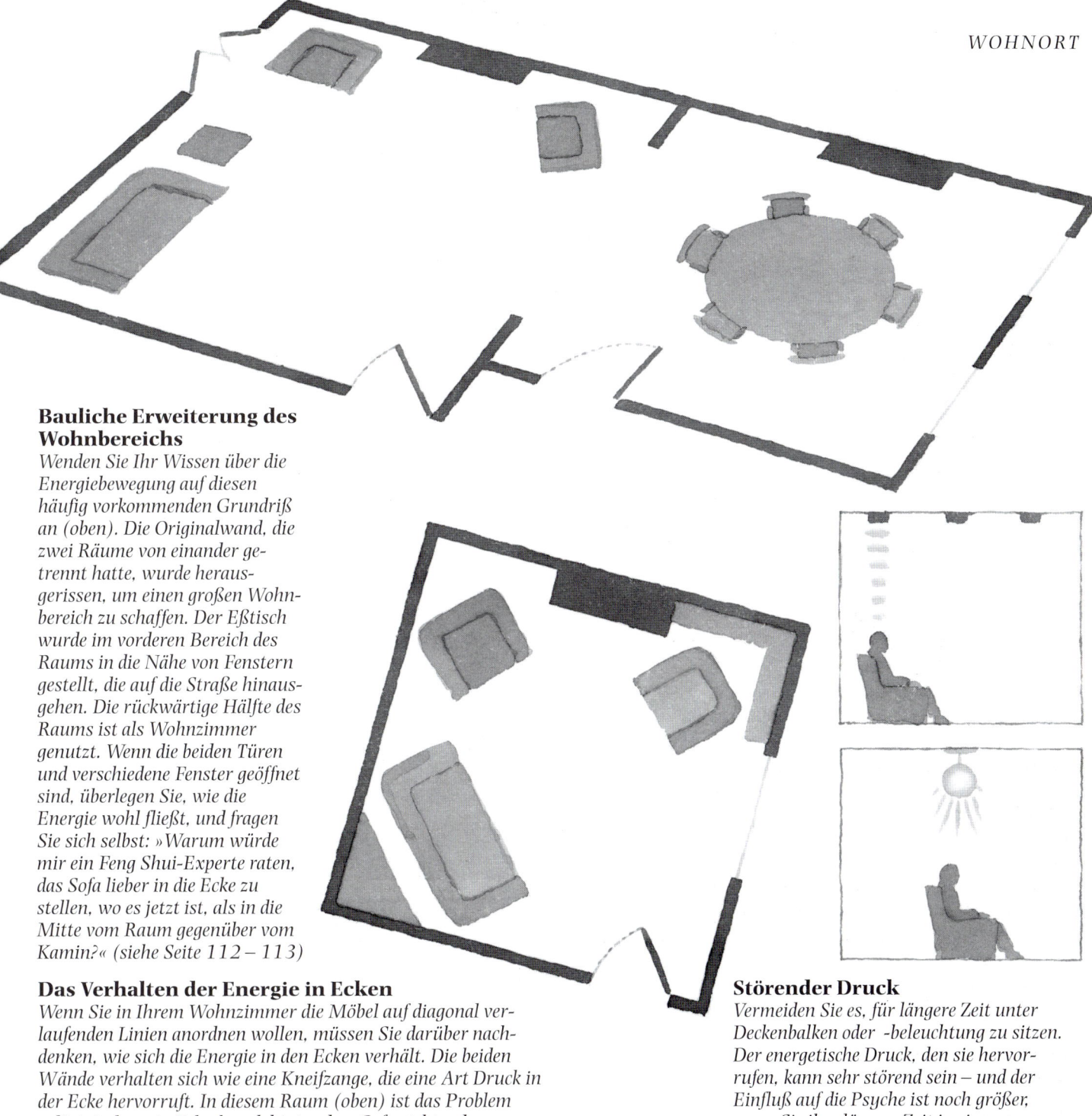

Bauliche Erweiterung des Wohnbereichs

Wenden Sie Ihr Wissen über die Energiebewegung auf diesen häufig vorkommenden Grundriß an (oben). Die Originalwand, die zwei Räume von einander getrennt hatte, wurde herausgerissen, um einen großen Wohnbereich zu schaffen. Der Eßtisch wurde im vorderen Bereich des Raums in die Nähe von Fenstern gestellt, die auf die Straße hinausgehen. Die rückwärtige Hälfte des Raums ist als Wohnzimmer genutzt. Wenn die beiden Türen und verschiedene Fenster geöffnet sind, überlegen Sie, wie die Energie wohl fließt, und fragen Sie sich selbst: »Warum würde mir ein Feng Shui-Experte raten, das Sofa lieber in die Ecke zu stellen, wo es jetzt ist, als in die Mitte vom Raum gegenüber vom Kamin?« (siehe Seite 112 – 113)

Das Verhalten der Energie in Ecken

Wenn Sie in Ihrem Wohnzimmer die Möbel auf diagonal verlaufenden Linien anordnen wollen, müssen Sie darüber nachdenken, wie sich die Energie in den Ecken verhält. Die beiden Wände verhalten sich wie eine Kneifzange, die eine Art Druck in der Ecke hervorruft. In diesem Raum (oben) ist das Problem gelöst, indem ein Eckschrank hinter dem Sofa steht – dem hauptsächlichen Sitzbereich. Die Sessel in den anderen Ecken sollten für Besucher benutzt werden.

Störender Druck

Vermeiden Sie es, für längere Zeit unter Deckenbalken oder -beleuchtung zu sitzen. Der energetische Druck, den sie hervorrufen, kann sehr störend sein – und der Einfluß auf die Psyche ist noch größer, wenn Sie ihm längere Zeit in einer ungeschützten Position ausgesetzt sind.

Verschiedene Lebensstile

Wenn Sie bei sich zu Hause etwas aufstellen, bringen Sie diese Energie in Ihr Leben. Wenn Sie Ihre Wände streichen oder tapezieren, verändert die Energie dieser Farben und Materialien Ihr Zuhause. Wenn Sie einen Teppich kaufen, fügen Sie der Energie Ihrer Umgebung ein neues Muster hinzu. Hier sind zwei ganz unterschiedliche Ausstattungen: Wenn man zwischen beiden wählt, ist das nicht so, als ob man zwischen zwei Fotos wählt, denn dies sind Aufnahmen von dynamischen Umgebungen, die jedes Individuum beeinflussen, das hier hereinkommt. Bei der Wahl der Einrichtung geht es daher nicht nur darum, was Ihnen in einem bestimmten Moment gefällt, sondern was die Muster für einen Einfluß auf Ihr Leben haben.

Unterschiedliche Einrichtungen

Das spitze, eckige Design des Raumes, der herausfordernde Kunstwerke und Möbel mit Metallrahmen hat, ist sehr kalt. Es wirkt weder entspannend noch einladend. In diesem Raum werden Sie ständig angespannt und immer wieder nervös sein. Der Raum sieht faszinierend aus, ist jedoch ein Ort, an dem man ausgelaugt wird. Das dunkle, prunkvolle Wohnzimmer ist auch bedrückend, jedoch auf eine andere Art und Weise. Die Spiegel erzeugen chaotische Energiemuster, was von den Tapeten noch unterstützt wird. Die Waffen tragen zur latenten Gewalt bei. Es kann erschreckend sein, wenn man das von einem Feng Shui-Experten hört, aber es sind Warnungen, daß Sie von Störungen umgeben sind. Feng Shui-Ratschläge sind niemals persönliche Kritik!

Die Lage der Küche

Das Essen wird in China mit großer Sorgfalt behandelt. Manchmal bezeichnet man es als »postnatales Chi« – es bedeutet, daß uns das Essen, wenn wir einmal geboren sind, mit der Vitalenergie des Universums versorgt. Wie und wo das Essen zubereitet wird, ist Teil des Erhaltungsprozesses unserer Lebensenergie. Wird dieser Prozeß gestört, wird die Energie des Essens beeinträchtigt und diese Störung auf alle übertragen, die es zu sich nehmen.

Wie bei den anderen Räumen im Haus ist die Lage Ihrer Küche daher extrem wichtig. Der Kücheneingang sollte sich nicht direkt gegenüber Ihrer Eingangstür befinden (rechts), damit er von hereinkommenden schädlichen Energien geschützt ist. Kochhitze und freigesetzte Stoffe wie zum Beispiel Fett sollten nicht den Rest Ihres Heims durchdringen. Stellen Sie daher sicher, daß sich Ihre Küchentür nicht zur Wohnzimmer- oder Schlafzimmertür hin öffnet (unten). Wenn das der Fall sein sollte, halten Sie beim Kochen die Türen geschlossen.

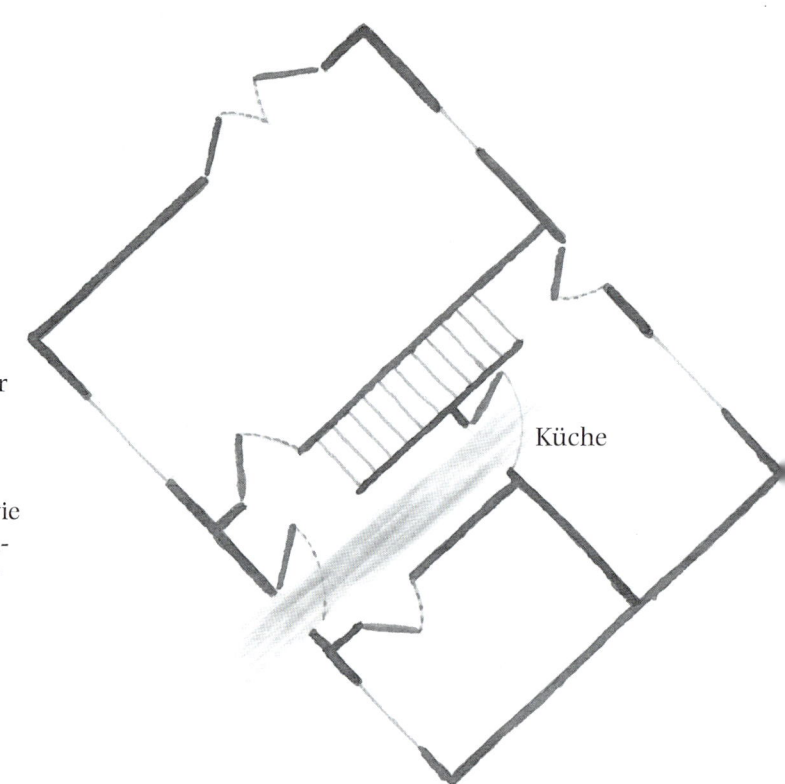

Küche

Küche

Schwieriges Kochen: *Wenn Sie am Herd stehen, befindet sich die Tür direkt hinter Ihnen. Wenn sie geöffnet ist, bleibt Ihre Schildkrötenseite ungeschützt, was dazu beiträgt, daß Sie sich unwohl fühlen, wenn Sie eigentlich ruhig sein sollten.*

Rücken ungeschützt: *Hier befindet sich Ihr Rücken ebenfalls in direkter Linie zu einer offenen Tür, egal ob Sie am Herd oder an der Spüle stehen. Keine Position ist ohne Spannung. Sie können als einziges die Tür schließen.*

Herd am Fenster: *Der Herd steht direkt am Fenster. Im Feng Shui ist das ein Problem, da der Herd das moderne Herzstück des Hauses und eine beträchtliche Kraft darstellt. Seine Schildkrötenseite sollte geschützt und daher hinter ihm kein Fenster sein.*

Eine gute Anordnung: *Dies ist eine gute Anordnung für Ihre Küche. Hier gibt es kein Problem, das auf den anderen Plänen auf dieser Seite auftaucht. Wenn Ihre Küche richtig eingerichtet ist, werden Sie ausreichend zu essen haben, Sie werden gesund sein, und Ihre Familie wird in Wohlstand leben.*

Kücheneinrichtungen

Zwei Familien haben sehr unterschiedliche Geschmäcke, wenn es um die Kücheneinrichtung geht. Beide wollen die modernste Technik haben und mit der Inneneinrichtung im Trend liegen. Das Problem ist, daß es so viele Möglichkeiten gibt – selbst eine ganz traditionelle oder rustikale Küche kann jetzt sehr gefragt sein. Nach vielen Diskussionen geht jede Familie in eine andere Richtung – die eine wählt »High Tech«, die andere eine »Landhausküche«.

Vom Feng Shui her betrachtet sind die modernen Merkmale nicht so wichtig. Was bei der Energiebestimmung im Raum berücksichtigt wird, sind die strukturellen Aspekte, die Anordnung der Küchenmöbel und die Farben, Muster und Formen.

In der glänzend glatten Küche (rechts) sind die Wände strahlend weiß und die Kücheneinheiten eine Mischung aus weißen Oberflächen und Chrom. Der Dunstabzug ist ebenfalls aus Chrom. Im Gegensatz dazu sind der Küchentisch und die Stühle in einem Hochglanzelfenbeinton gehalten. Der Boden besteht aus grauen Teppichfliesen mit schwarzen Streifen. Wenn Sie die Farbtabelle auf S. 111 zu Rate ziehen, werden Sie sehen, daß dieses Farbschema für eine harmonische Küche viel zu kalt ist und mit den Farbverbindungen der Fünf Energien nicht übereinstimmt (siehe S. 32 – 35).

Eine Dunstabzugshaube über dem Herd ist sehr zu empfehlen, in diesem Fall bringt das polierte Chrom aber eine kraftvolle Säule aus Metallenergie in die Küche, die ein Raum der Erdenergie ist.

Wenn bei den Zyklen der Fünf Energien (siehe S. 34 – 35) die Metallenergie zu stark ist, unterdrückt sie die Holzenergie, die Mutter der Erde. Wenn das Holz unterdrückt wird, wird die Erde träge. Dies ist ein gutes Beispiel dafür, wie Sie das Schema der Fünf Energien einsetzen können, um die Wechselwirkung festzustellen zwischen Materialien, Gegenständen – und Ihnen.

Küche im Landhausstil

Diese Küche (oben) hat einige ansprechende Merkmale, weist aber aus der Sicht des Feng Shui einige Probleme auf. Der Zentralbereich, die Schlange, ist vom großen Tisch völlig behindert. Über dem Herd befindet sich kein Abzug, so daß die durch das Kochen entstehende überschüssige Energie in der ganzen Küche zirkuliert. Die vom Tisch herunterhängenden, frei sichtbaren Messer schneiden die Atmosphäre und sind gefährlich. Die Bodenfliesen sind potentiell schlüpfrig (Korkfliesen sind vorzuziehen) – und die Energiemuster der Deckenbalken wirken wie ein Hagel von Hammerschlägen (siehe S. 46 – 47).

Badezimmer und Toilette

Die Ausscheidungsfunktionen des Körpers sind essentielle
Lebensprozesse. Wie bei den anderen Lebensprozessen
eines Menschen gibt es dafür bestimmte Organe und
Mechanismen. Wenn man demselben Prinzip folgt, ist der
Standort von Bad und Toilette in Ihrem Zuhause genauso
wichtig wie die der anderen Räume und wirkt sich auf
Ihren Lebensraum aus. Auf diese Weise kann Ihr Zuhause
als ein Modell des menschlichen Körpers und seiner
Funktionen verstanden und demensprechend eingerichtet
werden.

   In manchen Ländern ist die Toilette vom Badezimmer
abgetrennt; in anderen Ländern befinden sich alle Einrichtungen im selben Raum. Beim Feng Shui haben beide
in etwa denselben Zweck und werden daher in diesem Buch
als eine Einheit betrachtet.

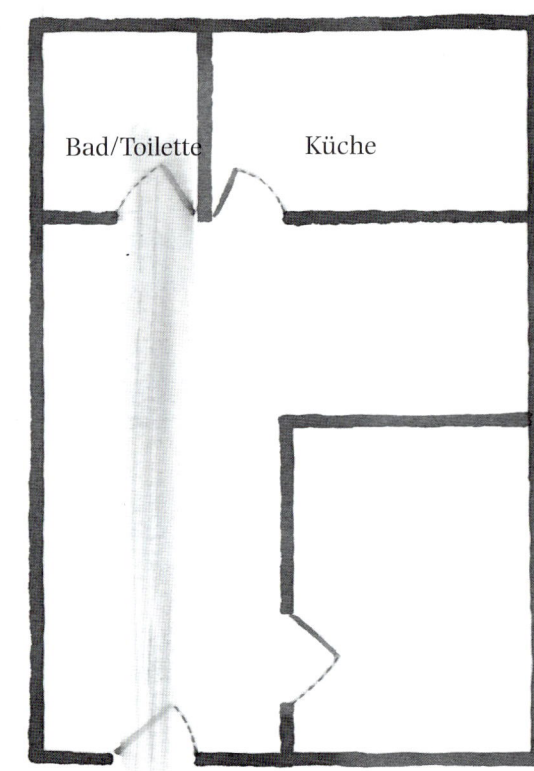

**Gegenüber der Ein-
gangstür:** *Aufgrund von
Problemen mit der Energiebewegung (siehe S. 96 – 97)
sollten sich Bad oder Toilette
nicht gegenüber der Eingangstür befinden (oben).*

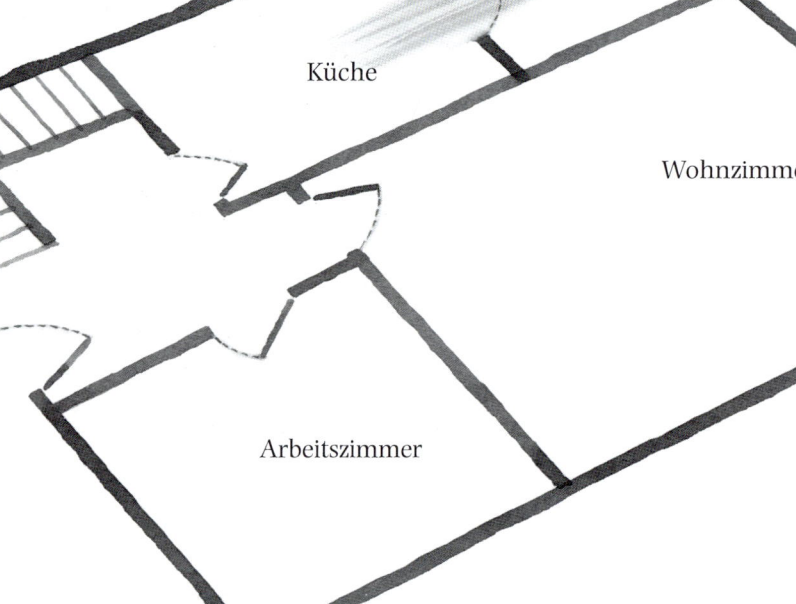

Neben der Küche
*Bad oder Toilette sollten sich
nicht neben der Küche befinden (links). Wenn Sie keine
andere Wahl haben, sollten
Sie die Tür immer geschlossen
halten. In vielen Ländern ist
dieses Arrangement aus
Hygienegründen gesetzlich
verboten, was mit guter Feng
Shui-Praxis übereinstimmt.*

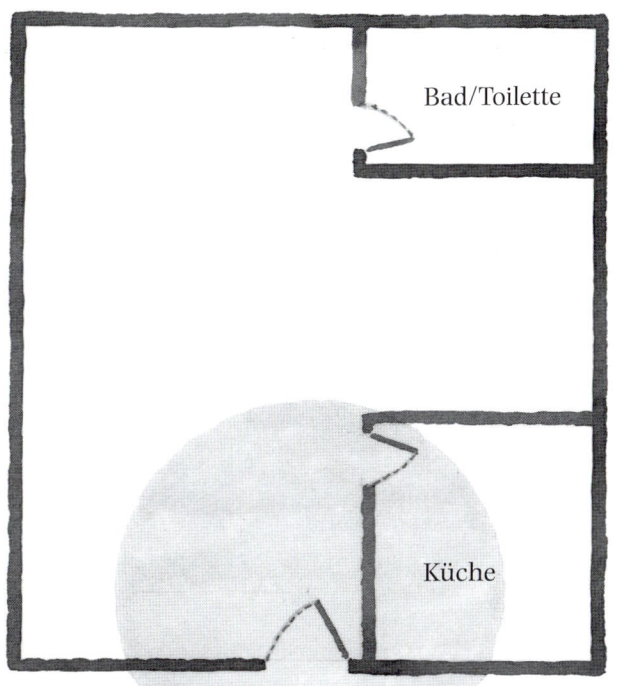

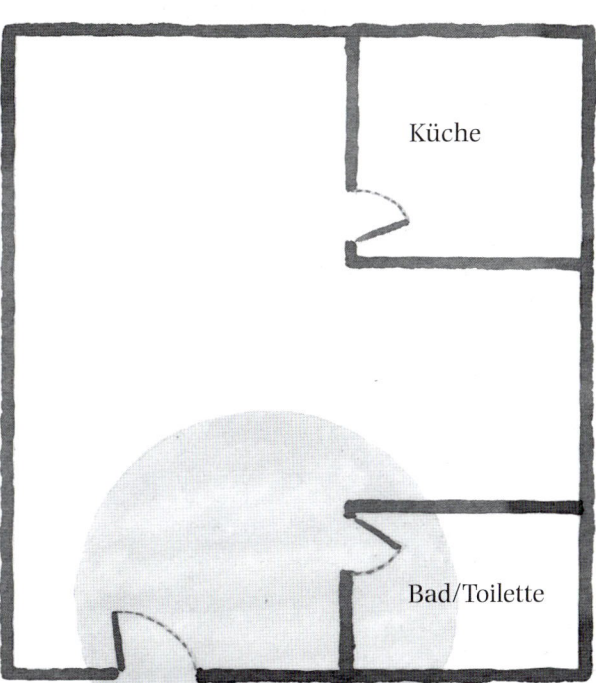

Die richtige Anordnung

Stellen Sie sich dieses Haus (oben) wie einen menschlichen Körper vor. Die Küche (Magen) fällt in den Bereich der Eingangstür (Mund). Bad oder Toilette (Ausscheidungsorgane) befinden sich weiter hinten. Das ist die natürliche Anordnung.

Zu vermeiden

In diesem Haus (oben) ist die natürliche Ordnung umgekehrt: Das Badezimmer/die Toilette befindet sich im Eingangsbereich und die Küche im hinteren. Obwohl diese Anordnung häufig ist, sollte man sie am besten vermeiden.

In der Mitte des Hauses

Wenn Sie den Grundriß des Hauses rechts betrachten, werden Sie feststellen, daß sich Bad/Toilette genau im Schnittpunkt der Mittellinien befinden. Damit wird die Ausscheidungsfunktion in der Mitte des »Körpers« plaziert. Der Rat eines Feng Shui-Experten ist: Ziehen Sie nicht in dieses Haus ein, oder schließen Sie Bad/Toilette in der Mitte und verlegen Sie diese in einen anderen Raum.

Küche

Hauswirtschafts-raum

Eßzimmer

Arbeitszimmer

Badezimmer/Toilette unter der Treppe

Wohnzimmer

Die Ausstattung des Badezimmers

Die Familie, die dieses Badezimmer ausgestattet hat, konsultierte einen Feng Shui-Berater, bevor sie Rohrverlegung und Armaturen bestellt hat. Die Türposition im Verhältnis zur Toilette und die Richtung, in die sich die Tür öffnen läßt, wurde genau festgelegt, damit jeder, der die Toilette benutzt, eine zusätzliche Privatsphäre genießt. Das gleiche gilt für alle, die in der Badewanne sitzen. Die relative Position von Badewanne und Toilette ist so festgelegt worden, daß sie sich zwar im selben Raum, aber nicht unmittelbar nebeneinander befinden. Die Position des Waschbeckens berücksichtigt den Spiegel: Er ist nicht auf Tür oder Fenster ausgerichtet, wodurch die störende Eigenschaft von Spiegeln, Energie zurück und nach vorn zu reflektieren, verringert wird.

Ein Rollo am Badezimmerfenster reguliert den Energiefluß im Raum. Wir sehen, daß sich das Fenster weder direkt gegenüber von der Tür befindet, noch hinter oder vor Waschbecken, Toilette oder Badewanne.

Ob Sie nun ein Haus mieten oder kaufen oder ein neues Haus entwerfen – Sie werden feststellen, daß auf einen guten Schnitt des Badezimmers leider nur sehr selten geachtet wird. Entweder ist es absolut zweckmäßig eingerichtet, oder es wird nach Möglichkeit ganz bewußt so ausgestattet, daß sein eigentlicher Zweck fast verschleiert wird. Beim menschlichen Körper wäre es so, als ob die Ausscheidungsbedürfnisse des Körpers völlig ignoriert würden. Eine neue, unvorteilhafte Entwicklung, die immer mehr Verbreitung findet, ist der Einbau des Badezimmers im Schlafzimmerbereich.

Getrennte Funktionen

Wie man auf dem Grundriß oben sehen kann, sind im Schlafzimmer integrierte Badezimmer normalerweise in modernen Hotels die Regel. Für Vertreter und Touristen, die in einer solchen Umgebung nur ein paar Tage verbringen, ist das in Ordnung. In Ihrem eigenen Zuhause ist es nach Feng Shui aber sehr zu empfehlen, die Funktionen und Energien von Schlaf- und Badezimmer zu trennen. Wenn Sie eine solche Kombination haben, sollten Sie die Tür ständig geschlossen halten.

127

Die Planung Ihres Gartens

Wenn Sie einen Garten haben, ist dieser ein bedeutendes Element Ihrer Umgebung und verdient es, mit dem nötigen Respekt behandelt zu werden. Er ist nicht nur eine Erweiterung Ihres Hauses: er ist ein unabhängiger Ort. Wenn Sie überlegen, wie Sie Ihren Garten entwerfen möchten, oder ein Haus mit einem Garten wählen, können Sie die Fünf Tiere, wie auf den Seiten 38 und 39 gezeigt, anwenden. Ob Sie einen Vorgarten oder einen Garten hinter dem Haus haben – die Schildkrötenseite wird von der Wand Ihres Hauses bestimmt. Der Phönixaspekt des Gartens ist das Ende des Grundstücks, das sich am weitesten vom Haus entfernt befindet. Daher ist die Rückwand des Hauses auf dem Hauptbild auf den größeren Teil des hinteren Gartens ausgerichtet. So ist diese Wand die Schildkrötenseite von Haus und Garten zugleich.

Die Kraft von Bäumen

Bäume sind extreme Kraft-plätze, einer der mächtigsten Transformatoren der Natur. Sie haben in der Tradition der chinesischen Kultur seit Jahrhunderten einen besonderen Stellenwert. Der Standort der Bäume ist deshalb sehr wichtig. Grundsätzlich sollten sie nicht zu dicht am Haus stehen, sondern am besten auf der Drachenseite und nahe dem Phoenixaspekt (am weit entfernten Ende) gesetzt werden.

Unterschiedliche Ebenen

Manche Gärten befinden sich am Hang. Wenn Sie einen Garten planen, möchten Sie vielleicht einen Hang anlegen. Es gibt drei günstige Anordnungen. Ein ebener Garten ohne Hang paßt immer. Oder Sie können das Niveau Ihres Gartens hinter dem Haus leicht anheben und damit die Schildkrötenseite Ihres Hauses stärken. Wenn Sie in Ihrem Garten Erhebungen haben wollen, dann sollte der höchste Punkt auf der Drachenseite der Zeichnung liegen (auf der linken Seite, wenn Sie von Ihrem Haus aus in den Garten schauen).

Wasser im Garten

Wasser, das sich im Umkreis von Ihrem Haus befindet, hat im Feng Shui eine große Bedeutung, es folgt den Prinzipien des I Ging (siehe S. 24 – 25 und 76 – 77). Die Zeichnung (oben) zeigt, wie man bestimmt, wo Teiche oder andere Wasserstellen angelegt werden: Sie sollten sich immer in den vorderen beiden Quadranten und nie hinter dem Haus befinden.

Die Energie von Büschen

Niedrige Büsche und Blumenbeete sollten am besten auf der Tigerseite Ihres Gartens angelegt werden (auf der rechten Seite, wenn Sie von Ihrem Haus aus auf den Garten schauen). Ihre tiefliegende, intensive Energie paßt an diese Stelle am besten. Versuchen Sie, das Ende des Gartens etwas offen zu halten, so daß der Phönixaspekt nicht vollständig blockiert wird.

Oben, unten, vorn und hinten

In einem gewissen Sinne hat Ihr Haus klar definierte Grenzen. Sie mieten oder besitzen ein Grundstück, das rechtlich definiert und normalerweise durch Gebäudemauern oder Zäune zwischen Grundstücken markiert ist. Ein Großteil der Kunst des Feng Shui hat mit der harmonischen Anordnung innerhalb dieser Begrenzungen zu tun. Die Kunst geht aber auch über diese Grenzen hinaus, da – wie in Teil I erklärt – Ihr Haus ein Teil zahlreicher, weitaus größerer Energiekonfigurationen ist. Daher sollten Sie die Energieeinflüsse, die Ihr Haus in allen Richtungen umgeben, sorgfältig beobachten.

Wenn Sie sich Grundstücke ansehen, stellen Sie fest, was sich darunter, darüber, davor und dahinter befindet. Übertragungsurkunden oder Aufzeichnungen der lokalen Behörden werden über die vorherige Nutzung vor dem Bau des Gebäudes Auskunft geben. Versuchen Sie, einen Ort zu finden, an dem das Land für gute Zwecke genutzt wurde. Dann schauen Sie in den Himmel. In der Einflugschneise von Flugzeugen zu wohnen ist sicherlich nicht empfehlenswert – wie jeder, der dort lebt, weiß (auch wenn der bewußte Verstand einen Weg hat, dieses Bewußtseins eine Zeit lang zu blockieren). Prüfen Sie, ob Sie sich in der Linie oder im Schatten großer Gebäude befinden, die davor oder seitlich stehen, oder ob hier Strommasten verlaufen: vermeiden Sie solche Standorte. Befindet sich vorn ein freier Platz oder sind Sie in einer engen Straße eingezwängt? Und wie sieht es hinten aus – Bahnlinien, Kanäle oder Überführungen? Das alles wirkt ständig störend, und zwar nicht nur auf den physischen Aspekt von Häusern, sondern auf die Gesundheit und das Wohlergehen aller, die in der Nähe wohnen.

131

Gartenformen

Gärten gibt es in allen Formen und Größen. Wenn Sie entscheiden, wie Ihr Garten aussehen soll oder wo Sie ihn anlegen, rufen Sie sich die grundlegenden Prinzipien der Fünf-Energien-Theorie in Teil I (siehe S. 32 – 33) und die Informationen zu Formen in Teil II (siehe S. 86 – 87) ins Gedächtnis. Wie bei der Inneneinrichtung geht es beim Feng Shui nicht allein darum, wie ansprechend Ihre Umgebung ist, sondern was sie für eine Wirkung auf Sie hat. Es ist wichtig, sich zu merken, daß Formen keine neutralen Wesenheiten sind – sie haben ihre eigene Kraft. Selbst wenn die Inneneinrichtung Ihres Zuhauses nach Feng Shui-Prinzipien ausgerichtet ist, Ihr Garten aber nicht, wird Ihr Leben von den potentiell negativen Einwirkungen des Landes um Sie herum beeinflußt werden.

Ein gut definierter Bereich *Versuchen Sie nicht, Ihren Garten in alle verfügbaren Ecken hineinzupressen. Er sollte gut abgegrenzt sein, wie dieser sichtbar offene Raum hinter dem Haus (oben links). In anderen Bereichen kann man einen Rasen haben oder Kies, Steinplatten oder Beton verwenden.*

Lange, schmale Formen *Dasselbe Prinzip gilt, wenn Sie in einem langen, schmalen Haus leben oder einen schmalen rechteckigen Garten haben (oben). Versuchen Sie, Garten und Haus klar voneinander abzugrenzen. Verwenden Sie die übrigen Bereiche nahe am Haus für andere Zwecke.*

Vervollständigung des Rechtecks *Bei beiden Häusern gibt es rechts hinter dem Gebäude einen L-förmigen Bereich. Dieser könnte in einen Wintergarten, ein Gewächshaus (siehe S. 134 – 135) oder in eine Veranda umgewandelt werden, um das Rechteck des Gebäudes zu vervollständigen – klar abgegrenzt und vom Garten getrennt.*

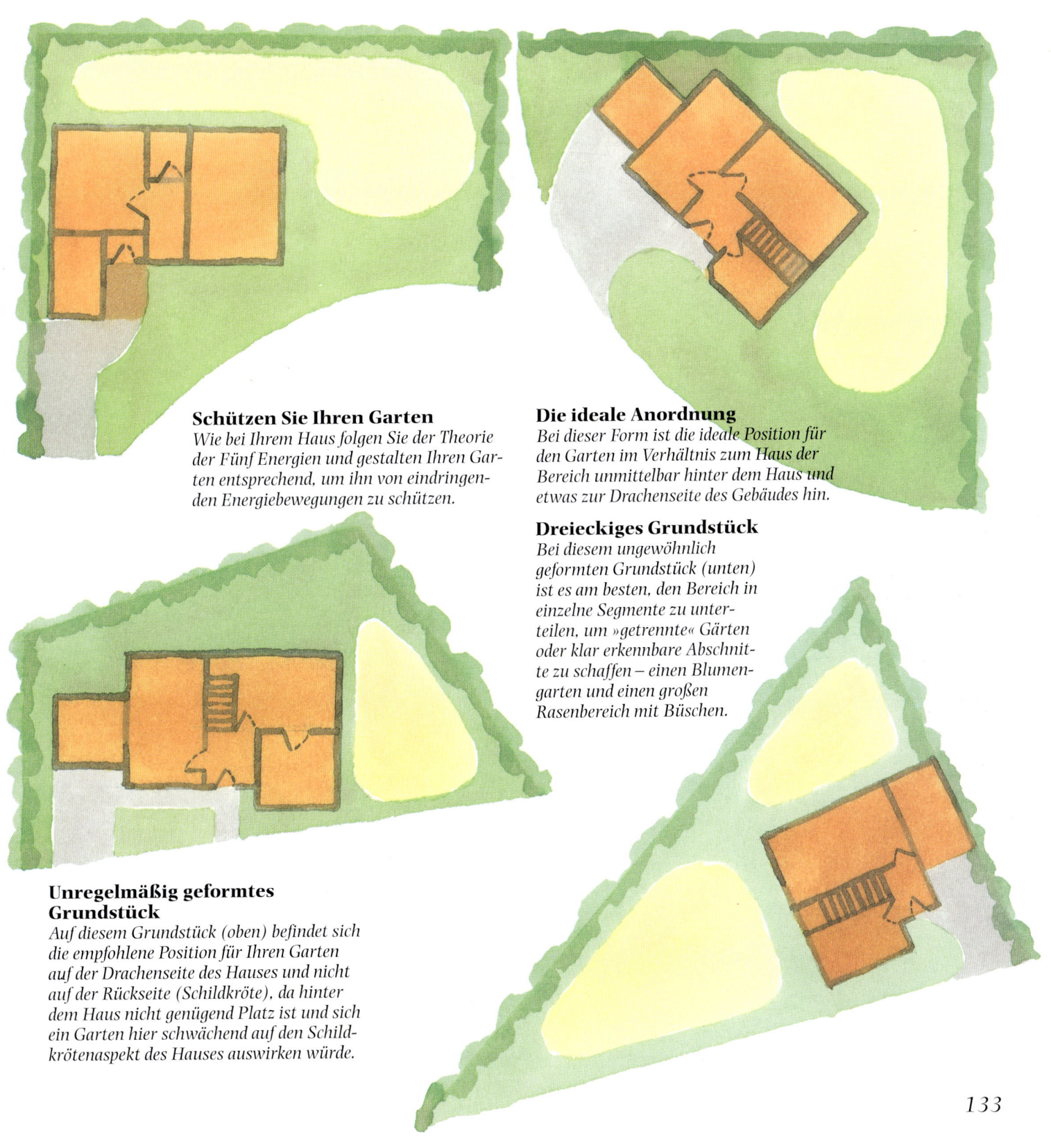

Schützen Sie Ihren Garten

Wie bei Ihrem Haus folgen Sie der Theorie der Fünf Energien und gestalten Ihren Garten entsprechend, um ihn von eindringenden Energiebewegungen zu schützen.

Die ideale Anordnung

Bei dieser Form ist die ideale Position für den Garten im Verhältnis zum Haus der Bereich unmittelbar hinter dem Haus und etwas zur Drachenseite des Gebäudes hin.

Dreieckiges Grundstück

Bei diesem ungewöhnlich geformten Grundstück (unten) ist es am besten, den Bereich in einzelne Segmente zu unterteilen, um »getrennte« Gärten oder klar erkennbare Abschnitte zu schaffen – einen Blumengarten und einen großen Rasenbereich mit Büschen.

Unregelmäßig geformtes Grundstück

Auf diesem Grundstück (oben) befindet sich die empfohlene Position für Ihren Garten auf der Drachenseite des Hauses und nicht auf der Rückseite (Schildkröte), da hinter dem Haus nicht genügend Platz ist und sich ein Garten hier schwächend auf den Schildkrötenaspekt des Hauses auswirken würde.

133

Gartenenergien

Energie fließt durch Gärten hindurch und zirkuliert wie auch in anderen Umgebungen, was diejenigen beeinflußt, die sich dort oder in der Nähe aufhalten. Formen wirken sich auf diesen Fluß aus (siehe S. 86 – 87 und 132 – 133). Wenn Sie einen Wintergarten oder ein Gewächshaus bauen, verändert das die Form Ihres Hauses. Das ideale Feng Shui-Haus ist ein vollständiges Rechteck. Wenn Sie also einen Wintergarten oder ein Gewächshaus seitlich oder auf der Rückseite anbauen und die Form Ihres Zuhauses dadurch eine leichte Kurvenform annimmt, verstoßen Sie gegen Feng Shui-Prinzipien. Wenn überhaupt möglich, versuchen Sie, den Wintergarten oder das Gewächshaus so zu bauen, daß er beziehungsweise es ganz an einer Seite eines vollständigen Rechtecks entlang verläuft (**3**, rechts). Wenn Ihr Haus schon L- oder U-förmig ist (**1** und **2**, rechts), dann können Sie den Wintergarten oder das Gewächshaus so bauen, daß der freie Platz ausgefüllt und die rechteckige Form Ihres Hauses vervollständigt wird.

Ein direkter Durchfluß

Der Energiefluß kann durch Ihr Haus und Ihren Garten verlaufen, wie auch innerhalb von Häusern (siehe S. 48 – 49). Leider läßt diese häufig anzutreffende Anordnung zu, daß die Energie von der Vorderseite des Gebäudes bis ganz hinten in den Garten direkt durchfließt. Zusätzlich kommt das Problem des Schwimmbads hinter dem Haus dazu. Dies ist ein gutes Beispiel für eine Situation, in der ein professioneller Feng Shui-Rat benötigt würde – um die Eingangstür zu versetzen oder andere Schritte vorzuschlagen, so daß die möglichen negativen Auswirkungen auf ein Mindestmaß verringert werden.

135

Ein Feng Shui-Garten

*Bei der Planung Ihres Feng Shui-Gartens halten Sie den Zentral-
bereich frei. Die größten Büsche sollten auf der Drachenseite wachsen,
niedrige Sträucher und Blumen auf der Tigerseite. Bäume pflanzen Sie
in einiger Entfernung vom Haus. Stellen Sie aber sicher, daß der
Phönixaspekt ein gewisses Licht und einen freien Platz bekommt.*

Wege
Dieselben Prinzipien für Ein- und Ausgänge in Ihrem Haus gelten auch für Ihren Garten. Gerade Wege sind wie Pfeile, die auf ihr Ziel zuschießen. Gartenwege sollten an der Seite entlangführen. Ein Weg, der zu Ihrem Haus führt, verläuft am besten in einer sanften Kurve.

Ihr Arbeitsplatz

Der Standort Ihres Geschäfts, Büros oder Ihrer Fabrik ist für dessen Erfolg – und für das Wohlbefinden der Menschen, die dort arbeiten, – genauso wichtig wie der Standort Ihres Zuhauses für Sie und Ihre Familie.

Es gelten einige der gleichen Prinzipien. Die Muster des Energieflusses können beispielsweise einen Firmenstandort in gleicher Weise wie ein Wohnhaus beeinträchtigen. Es wäre daher unklug, einen Platz zu wählen, an dem Ihr Geschäft wahrscheinlich einer potentiell schädlichen Energie, Verkehrsunfällen und Überflutungen ausgesetzt wäre!

Bei Geschäften, Büros und Fabriken gibt es unterschiedliche Überlegungen. Wenn Sie ein Geschäft eröffnen, geht es Ihnen darum, daß Menschen kommen, um Ihre Produkte oder Dienstleistungen zu kaufen. Daraus folgt natürlich, daß es sich an einem leicht zugänglichen Ort befinden sollte – vorzugsweise dort, wo es viel Laufkundschaft gibt. Banken, Bekleidungsgeschäfte und verschiedene andere Geschäfte findet man typischerweise an den Ecken von belebten Kreuzungen, und sie sind in bestimmten Bereichen so gruppiert, daß sie so viele potentielle Kunden wie möglich anziehen. Insofern unterscheidet sich der Grundgedanke hier von der Ruhe, die Sie haben möchten, wenn Sie ein privates Wohnhaus suchen.

Ein Büro sollte andererseits recht leicht zugänglich, jedoch nicht demselben regen Treiben ausgesetzt sein, das Sie außerhalb eines Geschäfts erwarten. Mit anderen Worten – Büros sollten sich in einem »ruhigen Eckchen« eines belebten Bereiches befinden. Das ist oft eine Seitenstraße, die in eine Hauptstraße mündet oder die Stockwerke in einem Gebäude mit Geschäften im Erdgeschoß.

Die meisten Fabriken brauchen Platz, um sich auszudehnen, und normalerweise einen offenen Bereich als Lager und für Transportmittel. Es ist dort laut, und bei vielen entstehen Rauch und Abfall. Daher ist es nicht überraschend, daß die Flächennutzungspläne verlangen, daß Fabriken von Wohngebieten getrennt sind. Sie sollten ihren eigenen Platz haben, an dem sie andere minimal beeinträchtigen.

Unruhige Energie

Die Energie dieser Kreuzung in der Innenstadt ist sehr unruhig, insbesondere wenn sich der Verkehr in beide Richtungen bewegt. Es gibt auch viele Fußgänger. Die meisten von uns sind täglich für kurze Zeit unruhiger Energie ausgesetzt. Das ist kein Problem, solange wir uns selbst bewegen und einfach nur dort vorbeischauen. Dieser Ort wäre beispielsweise für ein Wohnhaus absolut ungeeignet, aber ideal für Geschäfte, die die übliche Laufkundschaft anziehen wollen: Bekleidungsgeschäfte, Sportgeschäfte, Verkaufsstellen für Theaterkarten, Banken oder Reisebüros.

Selbst bis zum heutigen Tag verwenden Feng Shui-Meister bei der Standortbestimmung von modernen Unternehmen oder bei der Beurteilung der richtigen Möbelanordnung zu Hause das traditionelle Werkzeug ihrer Kunst – den Lo Pan. Dies ist der spezielle Feng Shui-Kompaß, der von Experten hergestellt wird und nur von denen verwendet werden soll, die dazu berechtigt sind. Das Design der Lo Pans ist unterschiedlich, sie haben aber alle gewisse gemeinsame Merkmale, die auf diesem Kompaß zu sehen sind, den Meister Lam in der Hand hält. In der Mitte befindet sich eine kleine Kompaßnadel, um den magnetischen Nordpol zu lokalisieren. Zwei sich überkreuzende Fäden sind über den gesamten Lo Pan gespannt. Dreht man die äußeren Ringe auf der Scheibe, können die Fäden als Koordinaten verwendet werden, um die Scheibe mit dem Kompaß in der Mitte in Übereinstimmung zu bringen. Um die Mitte herum befinden sich zahlreiche konzentrische Ringe, die wesentliche Informationen zu Energiekonjunktionen, Planetenbewegungen, magnetischen Korrelationen und dem chinesischen Kalender liefern.

Zu hoch, zu mächtig

Nehmen wir an, Sie suchen nach einem neuen Büro, und ein Makler erzählt Ihnen, daß er wunderschöne Räume mit einem phantastischen Blick vom dreizehnten Stock eines neuen Bürogebäudes hat. Um neue Mieter anzuziehen, ist die Miete des ersten Jahres absichtlich niedrig gehalten. Was tun Sie? Sie sollten den gesamten Standort sowie die Einrichtungen bedenken und kontrollieren, ob die Aufteilung des neuen Büros für Sie passend ist. Prüfen Sie genau, wie hoch die umliegenden Gebäude sind. Denken Sie an die Fünf Tiere (siehe S. 38 – 39). Diese Zeichnungen dienen als vereinfachte Richtlinie.

Sie fühlen sich vielleicht spontan zu diesem Büro hingezogen, da es alle anderen überragt. Es hat freie Sicht und scheint etwas auszudrücken, was Ihnen an der Stärke, Vision und Kraft der Firma in diesem Gebäude gefällt. Bedenken Sie jedoch sorgfältig Ihr Wissen, wenn Sie diesen Standort übernehmen. Im chinesischen Klassiker *Die Kunst des Krieges*, der jetzt auch in Übersetzung im Westen erschienen und weit verbreitet ist, warnt der Meister Sun Tze: »Eine militärische Formation ist wie Wasser – bei der Form von Wasser sollte man es vermeiden, sich an hohen Orten aufzuhalten ...« Selbst wenn Sie finanziell sehr ehrgeizig sind, ist der beste Ort, um das zu erreichen, nicht von einem erhabenen, ungeschützten Büro aus.

Büro 1
Diese Gebäudeanordnung stimmt mit dem Schema der Fünf Tiere überein. Das Gebäude vorn wird von hinten angemessen unterstützt, hat einen Drachen und einen Tiger auf jeder Seite und einen passenden offenen Bereich auf der Vorderseite. Es ist vielleicht nicht so hoch und imposant wie der Turm an der Ecke, aber Ihr bisheriges Feng Shui-Wissen sagt Ihnen, daß dieser Standort vorzuziehen ist.

Büro 2

*Im 30. Stock gibt es in keiner Richtung Hinder-
nisse. Sie können die gesamte Stadt überblicken –
und jeder kann Sie sehen. Denken Sie an das Haus
auf dem Hügel zurück (siehe S. 72 – 73). In
diesem Büro sind Sie wie ein Nagel auf einem
Stück Holz, der darauf wartet, eingeschlagen zu
werden.*

Im Bürogebäude

Ein langer Korridor

Diese Anordnung ist häufig in einem Stockwerk eines Büroturms (links) anzutreffen. Der Korridor kann viel länger sein, und es kann noch andere Merkmale geben, aber bei dieser Anordnung gibt es gewöhnlich Feng Shui-Probleme. Die zur Tür hereinkommende Energie wird einfach zum Fenster hinausgehen. Wenn sich am Ende des Gangs ein Spiegel befindet, wird die Energie in aufgewirbelten Mustern in den Gang zurückgeworfen. Am besten ist es, vor die Fenster in einem solchen Gang einen Vorhang zu hängen. Die Türen liegen sich direkt gegenüber und bewirken potentielle Energiekonflikte. Versuchen Sie, bei dieser Anordnung Ihre Tür geschlossen zu halten.

Treppen am Eingang

In älteren Geschäftsgebäuden öffnen sich die inneren Türen häufig zur Treppe hin (links). Ein Feng Shui-Experte wird Ihnen raten, nur in ein Büro einzuziehen, bei dem am Eingang eine Treppe nach oben, aber nie nach unten führt, denn mit Ihrem Glück geht es entsprechend bergauf oder bergab.

Keine Eingangstür

Manchmal haben große Firmen ein ganzes oder mehrere Stockwerke in einem Bürokomplex, und der Fahrstuhl öffnet sich direkt ins Büro (links). Das ist so, als ob man keine Eingangstür hätte. Für die Energie im Büro sollte sich zwischen Aufzug und dem Hauptraum des Büros eine feste Barriere befinden. Jedesmal, wenn sich die Fahrstuhltür öffnet, ist die Wirkung wie ein Loch im Reifen – der gesamte Raum wird gestört.

Schreibtische und Türen

Viele arbeiten in Büros, in denen es mehrere Schreibtische gibt, die entweder in einer Reihe oder sich gegenüber stehen. Das bedeutet fast unweigerlich, daß einige Positionen günstiger sind als andere.

In der Türlinie

Die beiden Schreibtische, die in der Türlinie stehen (rechts), könnten kaum einen schlechteren Platz haben. Ein Feng Shui-Praktiker würde Sie davor warnen, daß die Menschen, die hier sitzen, wahrscheinlich nicht lange bleiben werden. Sie werden Ihren Arbeitsplatz sehr wahrscheinlich verlassen – obwohl sie sich vielleicht nicht bewußt sind, daß das mit dem ungünstigen Standort ihres Arbeitsplatzes zusammen-hängt.

Eine günstige, weit entfernte Ecke

Die zwei einzigen Personen, die in diesem Raum (links) günstige Arbeitsplätze haben, sind die beiden ganz hinten in der Ecke gegenüber der Tür. Die beiden, die in der Türlinie sitzen, werden dasselbe Pro-blem wie auf dem vorherigen Bild haben, und die Person mit einem Schreibtisch an der Wand neben der Tür wird sich immer unsicher fühlen, da es nicht möglich ist, vom Tisch aus die Tür zu sehen.

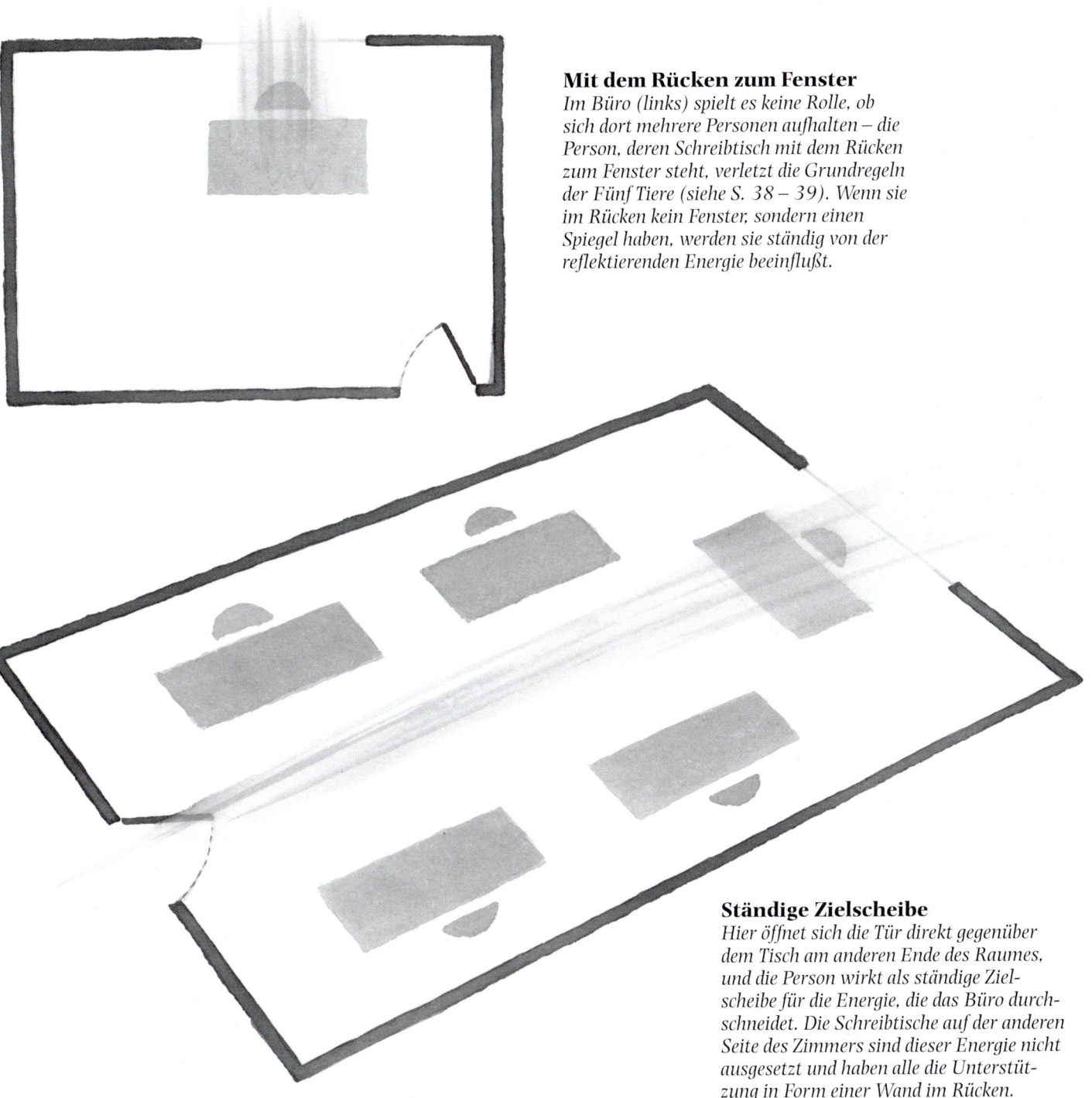

Mit dem Rücken zum Fenster

Im Büro (links) spielt es keine Rolle, ob sich dort mehrere Personen aufhalten – die Person, deren Schreibtisch mit dem Rücken zum Fenster steht, verletzt die Grundregeln der Fünf Tiere (siehe S. 38 – 39). Wenn sie im Rücken kein Fenster, sondern einen Spiegel haben, werden sie ständig von der reflektierenden Energie beeinflußt.

Ständige Zielscheibe

Hier öffnet sich die Tür direkt gegenüber dem Tisch am anderen Ende des Raumes, und die Person wirkt als ständige Zielscheibe für die Energie, die das Büro durchschneidet. Die Schreibtische auf der anderen Seite des Zimmers sind dieser Energie nicht ausgesetzt und haben alle die Unterstützung in Form einer Wand im Rücken.

145

Im Großraumbüro

Manche Büros bestehen immer noch aus einer Armee von Schreibtischen, die in Formation auf einem großen offenen Paradeplatz stehen, wo jeder dazu gezwungen ist, unter dem ständigen Druck der linienförmigen Deckenbeleuchtung zu arbeiten. Dies ist wahrscheinlich kein Büro, das die Gesundheit seiner Angestellten fördert, eine Umgebung für klares Denken oder Respekt für die Firmenleitung schafft.

Wenn Sie einen Schreibtisch in der Mitte des Stockwerks bekommen, ist Ihr Rücken an einem offenen »Korridor«, den die Menschen entlanggehen. Sie könnten angestoßen werden, und Ihr Nervensystem wird immer in Alarmbereitschaft sein. Wenn vor und seitlich von Ihnen Tische stehen, ist es wahrscheinlich, daß Ihre Kreativität und Konzentration leiden.

Falls das Ihre einzige Chance ist, Arbeit zu bekommen, müssen Sie sie vielleicht akzeptieren. Planen Sie jedoch zu Ihrem eigenen Wohl, dort nicht lange zu bleiben!

Arbeiten Sie nach Möglichkeit auch nicht in einem Büro, bei dem sich Bad oder Toilette direkt zum Hauptarbeitsbereich öffnen. Diese Anordnung stammt von Büroleitern, die ein Auge auf das Personal haben wollen, damit es sich nicht zu lange im Bad oder auf der Toilette aufhält. Diese Einstellung gibt es immer noch: Sie wirkt sich ungünstig auf die Moral des Personals aus und ist vom Feng Shui her ein sehr schlechtes Arrangement.

Wasser ist in der Welt des Feng Shui immer ein Problem. Es ist besser, einen separaten Bereich für alles zu haben, das mit Wasser zu tun hat, da es auf die Umgebung so stark einwirken kann. Wenn Sie in Ihrem Arbeitsbereich ein Waschbecken oder einen Platz zum Tee- oder Kaffeekochen haben wollen, fragen Sie am besten einen Feng Shui-Fachmann, bevor die Einrichtungen installiert werden.

Ein Fotokopierer bewirkt eine beträchtliche Störung im Energiefeld. Insbesondere wenn es sich um ein großes Gerät handelt, das sehr häufig benutzt wird, sollte es in einen eigenen Raum oder von normalen Büros und Schreibtischen getrennt gestellt werden.

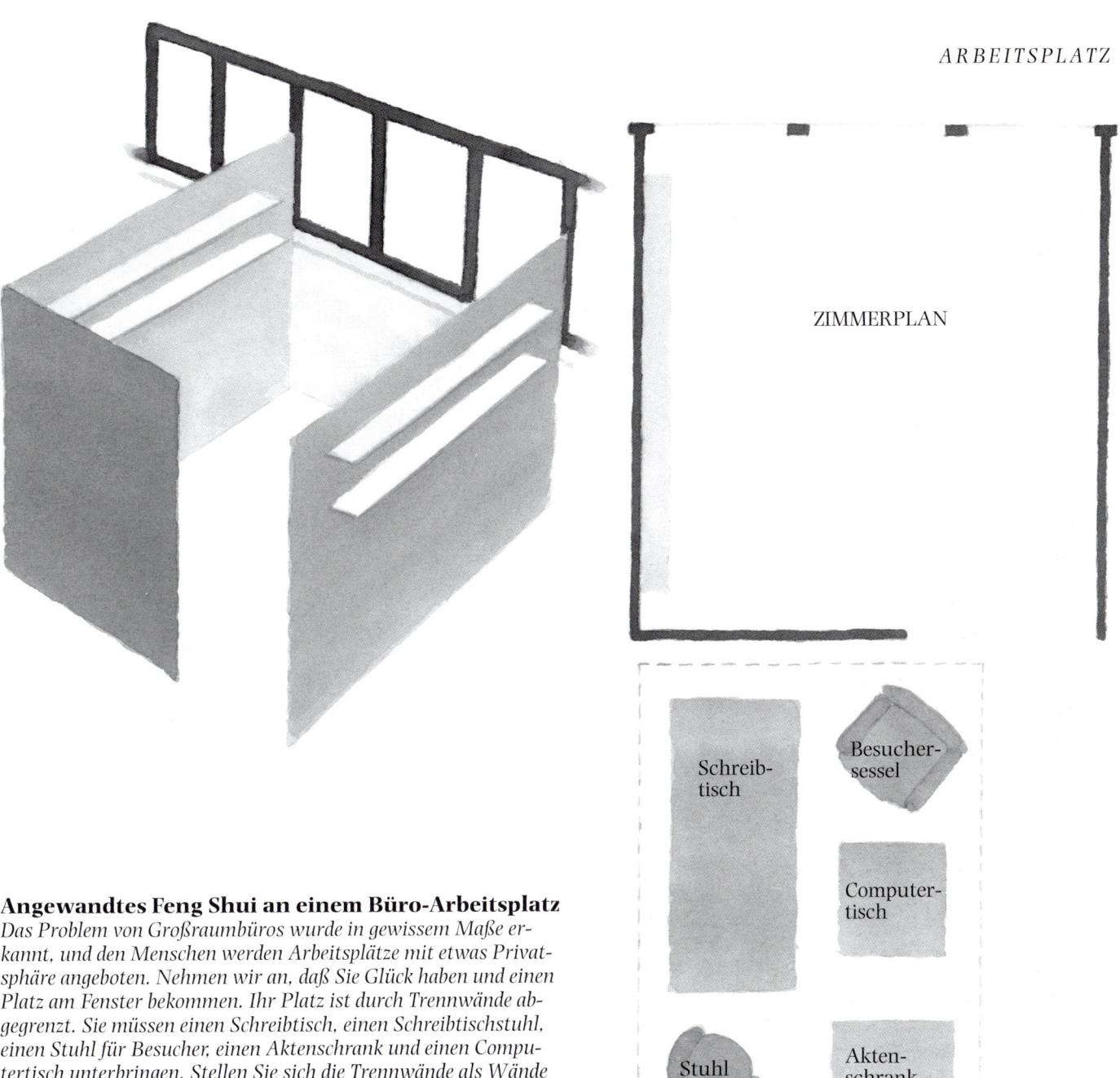

ZIMMERPLAN

Schreib-
tisch

Besucher-
sessel

Computer-
tisch

Stuhl

Akten-
schrank

Angewandtes Feng Shui an einem Büro-Arbeitsplatz

*Das Problem von Großraumbüros wurde in gewissem Maße er-
kannt, und den Menschen werden Arbeitsplätze mit etwas Privatsphäre angeboten. Nehmen wir an, daß Sie Glück haben und einen
Platz am Fenster bekommen. Ihr Platz ist durch Trennwände abgegrenzt. Sie müssen einen Schreibtisch, einen Schreibtischstuhl,
einen Stuhl für Besucher, einen Aktenschrank und einen Compu-
tertisch unterbringen. Stellen Sie sich die Trennwände als Wände
und den Eingangsbereich als Tür vor (es sei denn, Sie könnten die
Türausrichtung verändern), und gehen Sie davon aus, daß die
Energie grundsätzlich wie in einem normalen Raum fließt. Verwenden Sie das Schema der Fünf Tiere (siehe S. 38 – 39) und die
Informationen auf S. 144 – 147, um den besten Platz für die
verschiedenen Gegenstände festzulegen.*

Die »Landschaft« in einem Großraumbüro

Heutzutage gibt es viele Großraumbüros mit hochent-
wickelten Arbeitsplätzen inklusive eingebauter Kommuni-
kationsmittel und Computer. Sie sehen viel besser aus als
das altmodische Büro auf S. 146 – 147. Aussehen ist aber
nicht alles. Was für interessierte Kunden attraktiv erscheint
und von der technischen Anordnung her effizient sein
mag, kann für einen Feng Shui-Fachmann nicht unbedingt
genauso aussehen. Wir wollen untersuchen, was in diesem
Großraumbüro geschieht.

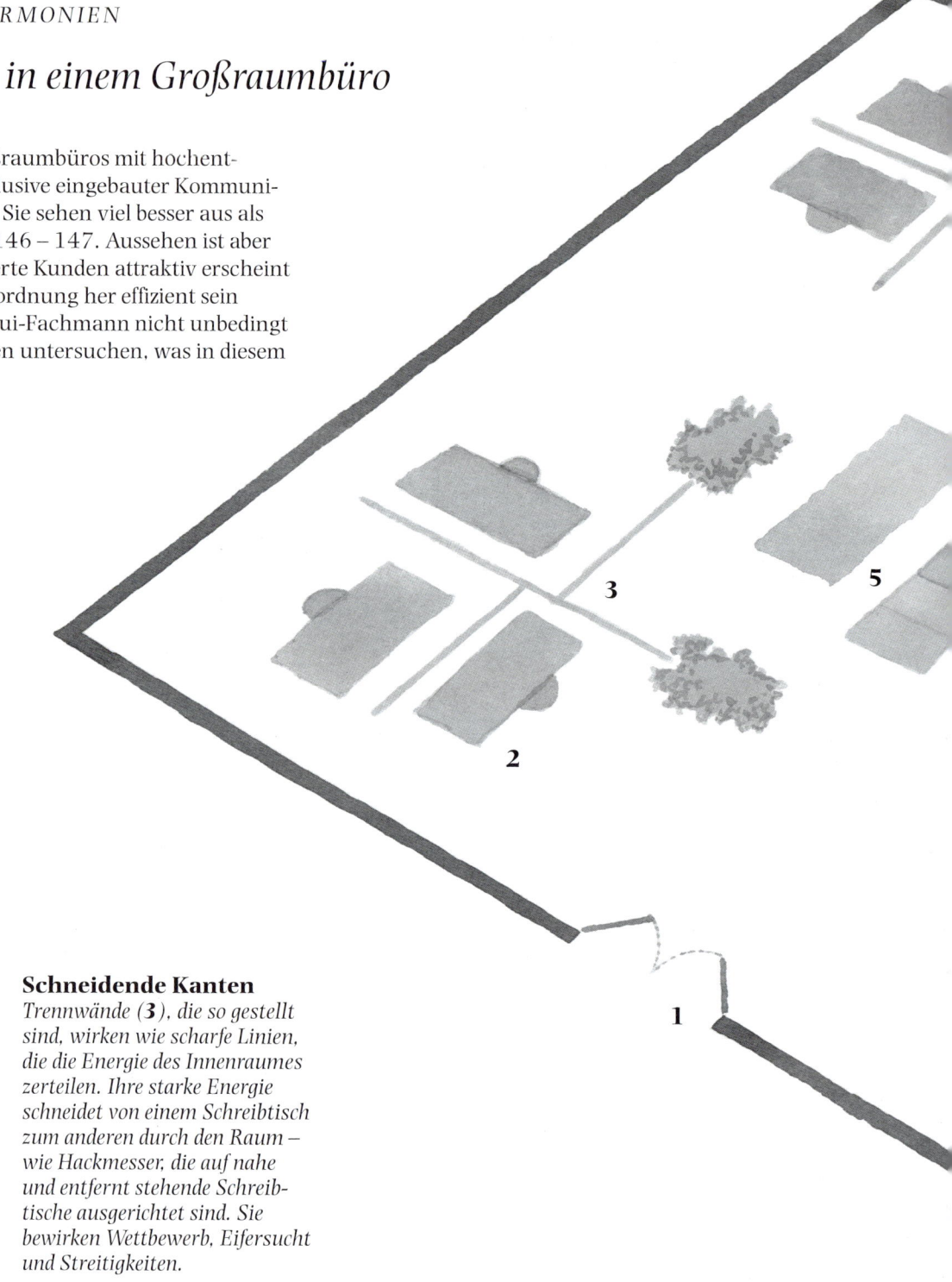

Direkter Eingang
*Die Tür (1) öffnet sich direkt
in den Bürobereich. Wie durch
den Fahrstuhl auf S. 140
– 141 wird die Energie des gesamten Büros jedesmal auf
eine gewisse Weise gestört,
wenn jemand hereinkommt.*

Keine Rückendeckung
*Die meisten Schreibtische (2)
sind so angeordnet, daß die
Personen auf die Trennwände
blicken und ihr Rücken damit
ungeschützt ist. Das hat die
unterschwellige Wirkung, daß
die Menschen das Gefühl
haben, daß sie allein sind. Sie
fühlen sich schließlich nervös:
Aus der Sicht eines Managers
hat diese Sitzanordnung die
negative Wirkung, daß das
Personal das Gefühl hat, keine
»Rückendeckung« zu
bekommen.*

Schneidende Kanten
*Trennwände (3), die so gestellt
sind, wirken wie scharfe Linien,
die die Energie des Innenraumes
zerteilen. Ihre starke Energie
schneidet von einem Schreibtisch
zum anderen durch den Raum –
wie Hackmesser, die auf nahe
und entfernt stehende Schreibtische ausgerichtet sind. Sie
bewirken Wettbewerb, Eifersucht
und Streitigkeiten.*

Nach außen gedreht

*Diese Person (**4**) hat den Schreibtisch so gedreht, daß sie von der Wand wegsieht. Das ist eine gute Umstellung, obwohl die Wirkung aufgrund der Gesamtbedingungen eingeschränkt ist. Zumindest ist der Rücken geschützt, und auf der Vorderseite ist etwas Platz.*

4

6

Zentraler Konflikt

*In der Mitte befinden sich Akten (**5**) und ein Kopier- gerät. Der Fotokopierer ist Yang, und die Akten sind Yin, wodurch ein Konflikt ent- steht. Zudem gehört keines von beiden in die Mitte eines Raumes. Der Fotokopierer wirkt störend, und die Akten haben eine abstumpfende Wirkung.*

Abgeschirmt

*Viele Menschen sitzen lange vor dem Computer (**6**). Normalerweise sind sie für ihre Gesundheit zu nahe am Bildschirm. Dies ist ein Büro, in dem der »Phönixaspekt« von praktisch jedem blockiert ist. Das Ergebnis ist ein deutlicher Mangel an Fantasie und Kreativität (siehe S. 38 – 39, Eigenschaften, die mit dem Phönix assoziiert werden).*

Ein winziges Büro

Sie bekommen ein winziges Büro für sich. Es hat eine Tür und ein Fenster, und an einer Wand befinden sich Regale. Sie müssen Ihren Schreibtisch und einen Schreibtischstuhl hineinstellen, einen Besucherstuhl und einen Aktenschrank. Das ist alles, wofür Sie Platz haben. Sie können sich nur fünf realistische Möglichkeiten vorstellen, welche ist aber die beste?

Verletzbar
Die Energielinie (oben) ist dieselbe, aber jetzt müssen Sie mit dem Rücken zur Tür sitzen. Sie können zum Fenster hinaussehen, so daß Sie sich weniger beengt fühlen, aber Ihr Rücken ist noch ungeschützter und verletzlicher, und Ihr Nacken und Kopf befinden sich direkt im Strom zwischen Tür und Fenster.

Ungeschützter Platz
Die Energielinie von der Tür aus (oben) zum Fenster verläuft direkt über Ihren Stuhl. Dadurch fühlen Sie sich unwohl, wenn Sie hier lange sitzen, wahrscheinlich ohne zu erkennen, warum. Das verschlimmert sich noch dadurch, daß Ihr Rücken ungeschützt ist, und Sie nicht sehen können, wer den Raum betritt. Sie werden sich noch beengter fühlen, wenn Sie zur Wand sehen.

Eine Verbesserung
Sie haben ein besseres Gefühl dafür, wer in den Raum hereinkommt, was auch für Besucher einladender wirkt. Sie sind aber immer noch durch die Wand vor Ihrem Schreibtisch abgeschnitten, Ihr Rücken ist ungeschützt, und Sie sitzen in der Linie zwischen Tür und Fenster.

Außerhalb der Energielinie
Bei dieser Anordnung (links) sitzen Sie nicht mehr in der Energielinie zwischen Tür und Fenster, und Sie können ungehindert zur Tür sehen. Ihr Rücken ist relativ geschützt, obwohl er zum Teil dem Fenster ausgesetzt ist. Sie sollten die Jalousien in diesem Teil des Fensters herunterlassen. Die Position Ihres Besuchers ist nicht befriedigend, aber diesen Platz nimmt er nur für kurze Zeit ein.

Bessere Rückendeckung
Die Position des Besuchers ist noch ein Problem, aber bei dieser Anordnung (oben) ist Ihr Rücken gut gedeckt, Sie haben vorn Platz, können die Tür einsehen und sitzen außerhalb der Energielinie. Stellen Sie sicher, daß die Wandregale nicht über Ihren Kopf hinausragen.

151

Computer

Ein Gegenstand, den Sie heutzutage berücksichtigen müssen, und der sicherlich in der alten Geschichte des Feng Shui nicht aufgetaucht ist, ist der Computer.

Ein Empfangsbereich mit schlechtem Feng Shui

Sie arbeiten an der Rezeption. Ihr Arbeitgeber entscheidet, daß Sie zusätzlich zum Telefon und Empfang von Gästen noch Daten in einen Computer eingeben sollten. Anstatt ihren Arbeitsplatz (rechts) neu zu gestalten, findet der Büroleiter einen Weg, einen Computer an Ihren gegenwärtigen Platz zu stellen, indem er ihn in eine Nische hineinzwängt. Sie sind gezwungen, Ihren Rücken der Tür zuzukehren und zu nahe am Bildschirm zu sitzen. Das ist ein Rezept für Klaustrophobie. Sie können auch sehen, wie ungünstig die restliche Anordnung ist: Ein Tresen schneidet den Raum vor Ihnen ab, und der Bereich für die Gäste grenzt an die Tür – nicht die beste Lösung, damit sich diese wohlfühlen.

152

Ein »Luxus«-Arbeitsplatz

Dieser kommerzielle Arbeitsplatz (rechts) wird als Luxusgegenstand aus poliertem Holz beworben. Er ist aber wie ein Sarg, und könnte aus der Sicht des Feng Shui auch einer sein. Der Bildschirm ist versenkt, so daß Sie Ihren Kopf nach vorn beugen müssen, was einen ungünstigen Druck im Nacken bewirkt.

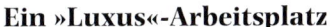

Verschiedene Tischelemente

Dieser Tisch setzt sich aus drei Elementen zusammen (links), wodurch Sie flexibler sind, um Ihren Arbeitsbereich an Ihr Büro oder Zuhause anzupassen. Wenn die Hauptrichtung nach vorn der Pfeilrichtung entspricht, ist es empfehlenswert, das Tischelement mit dem Computerbildschirm auf Ihre Drachenseite zu stellen.

Zu Hause arbeiten

Was geschieht, wenn Sie zu der wachsenden Zahl von Menschen gehören, die freiberuflich zu Hause arbeiten? Wenn Sie den Platz haben, können Sie auch einen Ihrer Räume in ein kleines Büro umwandeln. In diesem Fall können Sie die Informationen aus diesem Teil des Buches auf sich zuschneiden.

Gehen wir aber davon aus, daß Sie nicht soviel zusätzlichen Platz haben und einen Arbeitsplatz in einem anderen Raum wie beispielsweise einem zusätzlichen Schlafzimmer einrichten müssen. Sie werden feststellen, daß Sie Entscheidungen treffen und Kompromisse schließen müssen. Der Teil des Raumes, in dem das Bett steht, ist für einen Yin-Zweck bestimmt, und der Bereich, in dem Sie Ihr Büro einrichten, für einen Yang-Zweck – jeder hat unterschiedliche Anforderungen. Um zu bestimmen, wie Sie den Raum am besten einrichten, müssen Sie festlegen, wofür der Raum am meisten genutzt wird: Ist er in erster Linie ein Schlafzimmer, das gelegentlich als Büro dienen wird oder umgekehrt? Der Hauptverwendungszweck ist die beste Faustregel, um einige grundsätzliche Fragen zu beantworten.

Hier sind beispielsweise die Pläne für ein kleines Schlafzimmer, das nach beiden Gesichtspunkten eingerichtet ist. Auf Plan I steht das Bett in der bestmöglichen Position im Verhältnis zu Tür und Fenster, es gibt aber einige Nachteile bezüglich der Schreibtischposition. Das wäre angemessen, wenn der Raum hauptsächlich als Schlafzimmer genutzt wird. Wenn er hauptsächlich als Büro genutzt wird (Plan 2), könnten Sie das Bett an die Wand mit der Tür stellen (weniger günstig) und den Schreibtisch mehr in die Mitte des Raumes, was Ihnen Platz gibt, damit Sie dahinter mit dem Rücken zur Wand sitzen können. Der Paravent hilft dabei, den Schlafplatz zu schützen.

Bei all diesen Überlegungen sollten Sie sich nicht unter Druck setzen, daß Sie die absolut perfekte Lösung finden müssen. Es gibt im Feng Shui kein solches Konzept. Sie müssen so viele Aspekte wie möglich berücksichtigen. Versuchen Sie zu entscheiden, welche am wichtigsten sind, und prüfen Sie, was Sie tun können, um diese harmonisch zu verbinden.

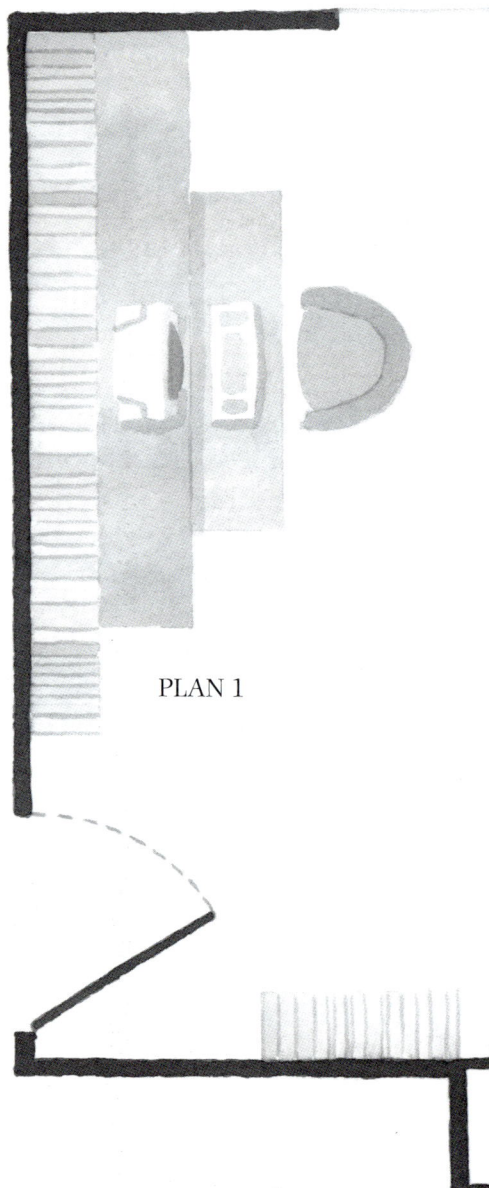

PLAN 1

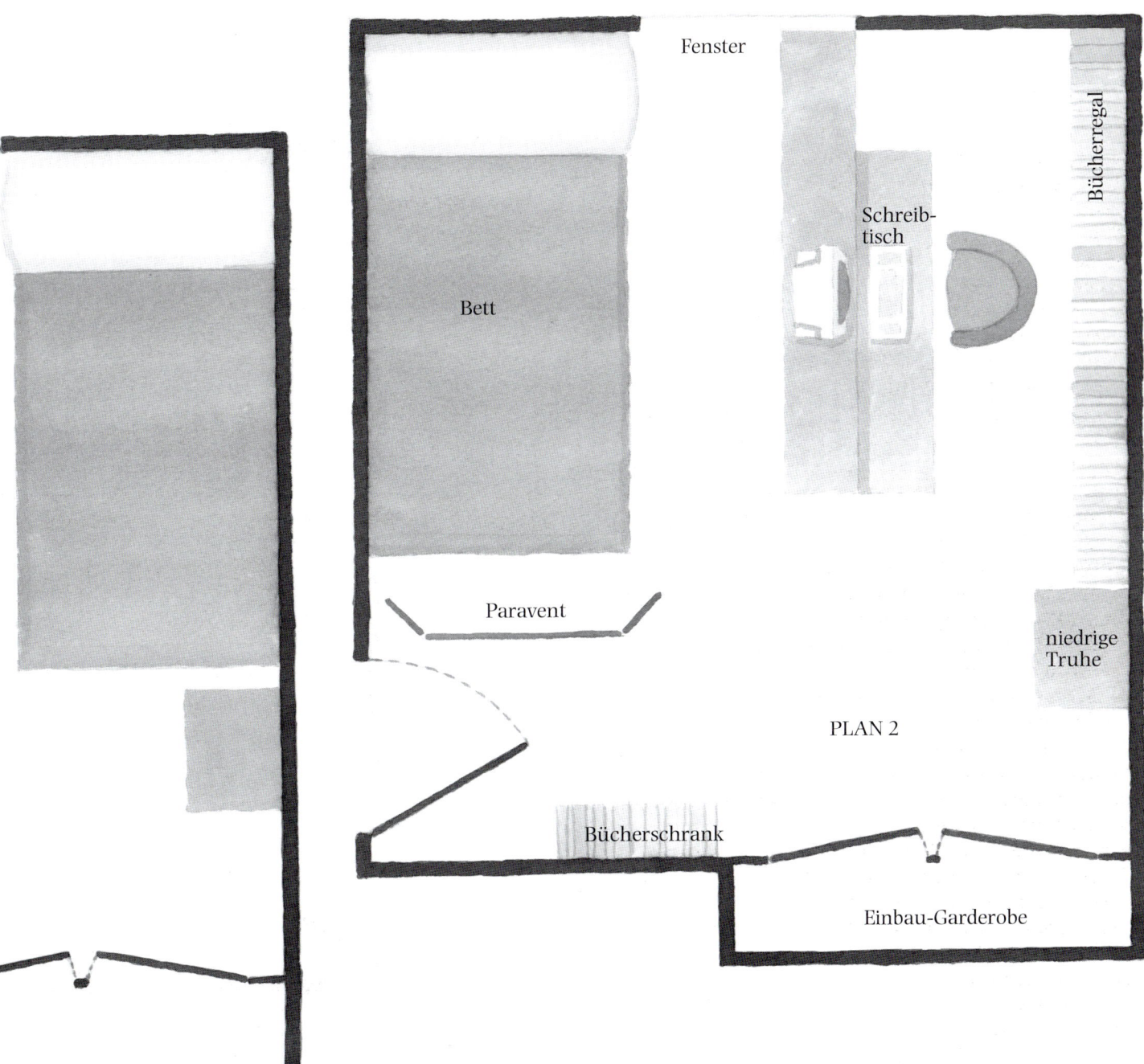

Fenster

Bücherregal

Bett

Schreib-
tisch

Paravent

niedrige
Truhe

PLAN 2

Bücherschrank

Einbau-Garderobe

155

DANKSAGUNGEN DES AUTORS

Es ist eine seltene Gelegenheit, in die Welt des Feng Shui, diese geheimnisvolle und alte Kunst, eintreten zu können. Das wäre für mich nie möglich gewesen, wenn mich nicht vier Meister als Schüler anerkannt hätten. Als ich sehr jung war, wurde ich als Teenager in Hongkong als erstes von Meister Lau Sau Hong in die Künste der chinesischen Kultur eingewiesen. Mein nächster Lehrer in Hongkong war Meister Lee Chuen Lun, bei dem ich in den 70er Jahren studierte. Danach hatte ich das Glück, von Meister Wang Chung Han in Taiwan lernen zu können. Zuletzt sagte Meister Ho Chiu Hong in Hongkong freundlicherweise zu, mich bei meinen Studien zu unterstützen. Diesen bemerkenswerten Menschen spreche ich meine tiefe Dankbarkeit aus.

Viel verdanke ich auch meiner Frau Kai Sin und meinen drei Söhnen Tin Yun, Tin Yu und Tin Hun. Sie haben mir beigestanden, wenn es manchmal sehr schwierig war, im Westen den Lebensunterhalt zu verdienen und in dieser Kultur die Akzeptanz für die Ideen und Traditionen des chinesischen Wegs zu finden.

Dieses Buch wäre nicht veröffentlicht worden, wenn Gaia Books nicht bereit gewesen wären, diese Herausforderung anzunehmen. Ich danke dem Geschäftsführer Joss Pearson, daß er sich hierfür engagiert hat. Das Projekt wurde dann mit Enthusiasmus und Einsicht vom leitenden Herausgeber Pip Morgan und dem Artdirektor Patrick Nugent verfolgt, der viele Stunden damit verbracht hat, die Struktur und das Design dieses Buches zu entwickeln.

Das war immer ein schwieriges Unterfangen, und ich brauchte die Unterstützung eines hervorragenden Grafikers und eines erstklassigen Herausgebers. Bridget Morley hat sich den Abbildungen sehr umsichtig und einfühlsam gewidmet, der Künstlerin Sally Launders genaue Anleitungen gegeben und die Auswahl der Fotos überwacht. Mein Schüler Richard Reoch hat eng mit uns zusammengearbeitet, um die schwer faßbaren Konzepte des Feng Shui-Universums in einen Text zu übersetzen, von dem ich glaube, daß er Lesern in allen Teilen der Welt hilft, eine neue Schwelle des Verstehens zu überschreiten.

Schließlich danke ich allen denjenigen bei Gaia Books, die dieses Buch durch die letzten Phasen geführt haben.

Feng Shui-Beratungen und Ratschläge: *Jeder, der von Meister Lam eine individuelle Beratung für sein Zuhause oder den Betrieb wünscht, kann ihn in seiner Klinik kontaktieren: Master Lam Kam Chuen, First Floor, 70 Shaftesbury Avenue, London W1V 7DF, England / United Kingdom, Tel.: (00 44-8 31-80 25 98, Fax: 00 44-1 81-9 92 71 49.*
Meister Lam wird oft zu Beratungen und Vorträgen in Europa und den Vereinigten Staaten eingeladen. Für persönlich auf Sie abgestimmte Basisinformationen zu Ihren eigenen Merkmalen nach dem System der Fünf Energien und dem chinesischen Kalender und zu den relevanten Farben und Richtungen, die Sie bei sich zu Hause und am Arbeitsplatz verwenden können, schicken Sie bitte einen Rückumschlag an die Lam Clinic, um weitere Details und Gebühren anzufordern.

ÜBER DEN AUTOR

Meister Lam Kam Chuen ist ein voll qualifizierter Feng Shui-Praktiker, der die meiste Zeit seines Lebens in dieser Kunst ausgebildet wurde. Er hat bei vier Meistern in Hongkong und Taiwan studiert, von denen jeder ein anerkannter Meister in speziellen Aspekten des Feng Shui ist.

Da jetzt auch außerhalb Chinas das Interesse an Feng Shui wächst, wurde Meister Lam dafür gewonnen, ein Feng Shui-Handbuch zu erstellen, da er unter anderem daran interessiert war, die Tradition in ihrer korrekten Form zu erhalten.

Meister Lam ist des weiteren ein anerkannter Meister in der Kunst des Tai Chi und Chi Kung (Qi Gong) und praktiziert auch traditionelle chinesische Medizin. Er wurde kurz nach dem zweiten Weltkrieg in Hongkong geboren und begann in einem sehr frühen Alter mit seiner Ausbildung in den chinesischen Künsten.

Als junger Mann wurde er ein qualifizierter Chiropraktiker und Kräuter-experte und eröffnete eine Schule und eine Klinik in Hongkong. Er unterzog sich auch dem mühsamen Studium des Chi Kung, einem System für die Pflege der inneren Körperenergie. Mit Hilfe seiner medizinischen Fähigkeiten und Chi Kung-Kenntnisse begann er, eine neue Form des Tai Chi zu entwickeln, die jetzt als Lam-Stil bekannt ist.

Meister Lam kam 1976 in den Westen, als er der erste Tai Chi-Lehrer für die *Inner London Education Authority* wurde. 1987 zeigte er zum ersten Mal in Europa die Kunst des Zhan Zhuang Chi Kung, das er bei der in der Welt führenden Autorität, Professor Yu Yong Nian, in Peking studiert hatte. Er lehrt jetzt und praktiziert Medizin an der Lam Clinic in Londons Chinatown.

Nach der weithin anerkannten BBC-Serie *The Way of the Warrior* wurde Meister Lam eingeladen, als Berater für die Folgeserie *The Way of Harmony* zu wirken. Dieser folgte sein bahnbrechendes Werk bei Gaia Books, *Energie und Lebenskraft durch Chi Gong* (deutsche Ausgabe im Mosaik-Verlag), einer Einführung in das Zhan-Zhuang-Chi-Kung-System des Stehens wie ein Baum und *Step-by-StepTai Chi*.

Meister Lam ist im Fernsehen durch die Serie *Stand Still – Be Fit* bekannt, die jetzt auch unter demselben Titel auf Video erhältlich ist. Neue Videos zu Tai Chi und Chi Kung sind in Vorbereitung.

INDEX

Bibliografie

Cleary, Thomas *(Übers.)*
DAS TAO DES I CHING, O.W.Barth Verlag München, 1989

Cleary, Thomas *(Übers.)*
DIE KUNST DES KRIEGES, Droemer Knaur Verlag, München, 1988

Cleary, Thomas *(Übers.)*
DIE DREI SCHÄTZE DES DAO, Fischer Taschebuch Verl., Frankf./M., 1996

Feng, Gia-Fu and English, Jane *(Übers.)*
TAO TEH CHING,
Diederichs Verl., München, 1994

Needham, Joseph
THE SHORTER SCIENCE AND CIVILIZATION IN CHINA, Cambridge University Press, London, 1978

Wilhelm, Richard *(Übers.)*
I CHING OD. BUCH DER WANDLUNGEN, Diederichs Verlag, München, 1973

Feng Shui-Kontaktadressen in Deutschland

Seminarorganisation / Beratung:
Gerhard Waldner
Unterschwarzenberg 18
87466 Oy-Mittelberg
Tel.: 08366 – 98687
Fax: 08366 – 98686

Feng Shui-Artikel und -Seminare:
Vielharmonie e.V.
Postfach 1111
87466 Oy-Mittelberg
Zur Drucklegung standen Tel.- und Fax-Nummern noch nicht fest. Bitte wenden Sie sich schriftlich an Vielharmonie.

Feng Shui-Bücher:
Logos Buchvertrieb
Am Fichtenholz 5
87477 Sulzberg
Tel. und Fax: 08376 – 8737

Bildnachweis

Arcaid: S. 70 (Richard Bryant).
The Bridgeman Art Library Ltd: S. 2. (British Library, London): S. 12/13. (Mit freundlicher Genehmigung des Board of Trustees of the V & A):S. 62/63 (Bibliothèque Nationale, Paris).
Camera Press Ltd: S. 94 (IMS Camera Press).
Hunting Aerofilms Ltd: S. 10.
Bridget Morley; S. 139.
Hugh Palmer: S. 136-137.
Science Photo Library: S. 41 (Dennis Di Cicco).
Tony Stone Images: S. 11 (Steve Elmore): S. 20 (Hubert Camille):S. 21 (Joe Cornish): S. 70 (Jean-Marc Truchet): S. 79 (Toni Stone Images): S. 81 (Lester Lefkowitz).
Elizabeth Whiting Associates: S. 7, 95.
Zefa Pictures Ltd: S. 71 (Janicek): S. 79

Illustrationen
Alle Zeichnungen von Sally Launder außer von:
Ann Savage: S. 15, 22, 23.
Ann Savage and Michael Posen: S. 38, 39.
Michael Posen: S. 52/53, 58/59, 72/73, 74, 82/83, 84/85, 110, 114/115, 116/117, 120/121, 124/125, 146/147, 148/149, 150/151, 154/155.
Bridget Morley: S. 118/119 (Collage).